JÖRG VIERKE

AQUARIEN-FISCHE

KOSMOS

Welchen Fisch kaufen? Die Auswahl ist riesengroß!

Die schönsten Fische für Sie

Auswahl der Fische

Bei vielen Zoofachhändlern hat man die Auswahl unter hundert oder noch weit mehr verschiedenen Fischarten – wie soll man da die richtigen finden? Die meisten Aquarianer, nicht nur die Anfänger, lassen sich zunächst von ihren Augen leiten. Es ist aber klar, dass man die Fische nicht ausschließlich und in erster Linie nach ihrer Schönheit aussuchen kann. Entscheidend ist, ob wir den Tieren wirklich gerecht werden können: Reicht unsere Aquariengröße, passen die anderen Mitbewohner, können wir ihnen die notwendige Wasserqualität bieten? Diese und andere Fragen wird uns natürlich der Zoofachhändler beantworten.

Information ist wichtig

Gut ist es aber, wenn Sie sich vorher schon etwas informiert haben, wenn Sie schon wissen, was Schwarmfische sind und wenn Sie sich etwas unter Salmlern oder anderen Fischgruppen vorstellen können. Das folgende Kapitel will Ihnen dabei helfen. Dann kön-

Keilfleckbarben sind typische Schwarmfische. Am besten kauft man sie im Zehnerpack.

nen Sie ganz gezielt einkaufen und nach bestimmten Fischen fragen, deren Ansprüche und Lebensweisen Sie bereits kennen. Bedenken Sie, dass auch der beste Zoohändler Sie aus zeitlichen Gründen nur selten so umfassend informieren kann wie ein Buch.

Die meisten Fische sind soziale Wesen. Man kann sie also nicht einfach zusammenstellen wie Gesteine in einer Vitrine. Ganz wichtig ist es an dieser Stelle zunächst einmal, zwei Grundtypen unter den Fischen zu unterscheiden: die Schwarmfische und die Revierfische. Während die einen nichts nötiger brauchen als die Gesellschaft von Artgenossen, sind die anderen aggressiv gegen jeden Artangehörigen. Lediglich Familienangehörige machen da Ausnahmen. Man kann sich vorstellen, dass die letzteren, die Revierfische, etwas komplizierter sind.

Schwarmfische

Ein Schwarm besteht aus einer Vielzahl von artgleichen und meist auch ungefähr gleichgroßen und damit auch gleichaltrigen Tieren, die innerhalb des Schwarms keine weiteren Beziehungen pflegen. Meist sind es besondere Färbungen oder Zeichnungsmuster, an denen sich die Schwarmmitglieder erkennen. Das ist der Grund, weshalb Schwarmfische oft so schön und farbig sind.

Schwarmfische unternehmen typischerweise alles gemeinsam: Nahrung suchen, fressen, spielerisch herumschwimmen, ruhen; manchmal erfolgt sogar die Liebe im Schwarm. Natürlich kann es dabei mal Unstimmigkeiten geben, aber da keiner die Stärken und Schwächen des anderen kennt, kommt es nicht zu lang andauernden Streitereien. Aus diesem Grund gibt es im Schwarm auch keinen Anführer. Achten Sie mal darauf,

Der Zebrabuntbarsch (Archocentrua nigrofasciatus) **ist ein typischer Revierfisch.**

wer im Schwarm bestimmt, wohin es gehen soll. Es ist immer ein anderer Fisch – in aller Regel der zufällig erste!
Einzeln gehaltenen Schwarmfischen geht es nicht gut. Der einfühlsame Tierfreund erkennt, dass sie leiden. Zunächst schwimmen sie unentwegt herum – ständig auf der Suche nach Artgenossen, immer erfolglos, immer auch unsicher und ständig fluchtbereit. Später werden sie meist apathisch, stehen teilnahmslos in einer Ecke herum und beginnen zu verfetten.
Typische Schwarmfische kauft man am besten im Zehnerpack – gern mehr, aber möglichst nicht weniger, denn ein zu kleiner Trupp von Bärblingen oder Barben beispielsweise lernt sich, entgegen dem typischen Schwarmverhalten, bald individuell kennen, sie kennen schnell die Stärken und Schwächen der mitbewohnenden Artgenossen und bald ist einer der ständig Gejagte. Auch als Aquarianer haben Sie mehr Freude an einem größeren Schwarm. Schöner als ein Schwarm aus 10 Fischen ist selbstverständlich ein größerer, und natürlich ist das auch für die Fische besser! Ein aus 20 oder 30 Tieren bestehender Schwarm Roter Neon hat eine beeindruckende Wirkung. Aber natürlich muss das Aquarium ausreichend groß sein!

Revierfische

Ganz anders ist das mit Revierfischen. Sie sind bestrebt, sich ein eigenes Stückchen Erde zu schaffen, ein Privatgrundstück, das kein Artgenosse ohne Erlaubnis betreten darf! Dieses Revier oder Territorium muss von Art zu Art ganz unterschiedliche Kriterien erfüllen. Es muss eine bestimmte Größe haben und gewisse Anforderungen erfüllen. Bei einigen Fischen ist eine Bruthöhle in Bodennähe wichtig, beispielsweise bei einigen Zwergbuntbarschen, bei Blaubarschen und bei verschiedenen Kleinlabyrinthern. Andere Revierfische brauchen feine Pflanzen in Bodennähe, in denen sie ablaichen können, und wieder andere Arten benötigen einen ruhigen, gut mit Deckung spendenden Pflanzen versehenen Platz an der Wasser-

Segelflosser sind Revierfische. Dennoch bilden sie zeitweise Zusammenschlüsse.

oberfläche, wie einige Welse und Labyrinthfische. Ein derartiges Revier ist meist Vorbedingung für das Fortpflanzungsgeschäft. Beim Kauf von Revierfischen sollten Sie ganz besonders gut informiert sein. Sie sollten wissen, ob die Fische nur sehr kleine Reviere beanspruchen; dann kann man auch mehrere Tiere in ein ausreichend großes Aquarium einbringen. Ein schönes Beispiel hierfür sind die südamerikanischen Schmetterlingsbuntbarsche oder die kleinen Honigfadenfische. In den meisten Fällen wird es jedoch sinnvoller sein, sich von Revierfischen nur ein Paar zu besorgen. Das ist von der Größe des Aquariums und seiner Einrichtung und vor allem vom typischen Verhalten der jeweiligen Fischart abhängig.
Auch wenn Revierfische gewisse Ansprüche stellen und sie manchmal kompliziert sind – Sie sollten nicht auf sie verzichten! Gerade Revierfische beeindrucken durch ihr oft differenziertes Verhalten und geben Anlass für die interessantesten Beobachtungen im Aquarium.

Übergänge und Abstufungen

Leider, oder vielleicht glücklicherweise, ist das mit den Schwarm- und den Revierfischen komplizierter als vielfach angenommen. Was ich oben geschildert habe, sind die Extreme! Das wahre Leben spielt sich dazwischen ab. Zwischen Schwarm- und Revierfischen gibt es alle Übergänge und Abstufungen! Beispielsweise sind die allermeisten Buntbarsche (meist leuchtende Beispiele für Revierfische) in ihrer Jugendzeit und auch außerhalb der Fortpflanzungszeit typische Schwarmfische. Erst zur Fortpflanzung werden sie territorial. Und viele Salmlermännchen, die den meisten Aquarianern als typische Schwarmfische vorschweben, können in Paarungsstimmung stunden- oder sogar tageweise hartnäckig Laichterritorien verteidigen! Bei Neonfischen kann man das gut beobachten.
Das soll Sie natürlich nicht davon abhalten, die Neons im Schwarm zu halten und erwachsene Prachtbarsche wenn möglich paarweise. Bei anderen Fischen ist das schon komplizierter. Segelflosser kann man in ausreichend großen Aquarien ausgezeichnet und mit gutem Gewissen zu mehreren halten – obwohl sie zur Fortpflanzung territorial werden. Dann wird sich ein laichwilliges Paar absondern und in einem Teil des Aquariums versuchen, ein Laichrevier zu errichten. In ausreichend großen Aquarien gelingt das auch, denn Segelflosser haben trotz ihrer Größe vergleichsweise geringe Revieransprüche.

Panzerwelse sollten möglichst im kleinen Trupp mit Artgenossen gehalten werden.

TIPP

Jede Art hat im Sozialverhalten, aber auch in anderer Hinsicht, besondere, ganz typische Bedürfnisse, die der Pfleger kennen sollte. Pauschalregeln sind nur gut für die erste Orientierung. Studieren Sie im Hinblick auf die von Ihnen erwünschten und gepflegten Fische die in diesem Buch vorgestellten Portraits. Da werden weit möglichst auch Sonderfälle berücksichtigt.

Ausnahmen und Regeln

Man kann auch nicht immer Freiwasserbeobachtungen als alleinigen Maßstab für die richtige Tierhaltung anlegen. Am Amazonas sah ich wiederholt, dass helle Sandbänke wie von einer dunklen Wolke getrübt wurden, die dann wenig später wieder abzog. Die dunkle Wolke war nichts weiter als ein Riesenschwarm aus vielen hunderten von erwachsenen Metallpanzerwelsen *(Corydoras aeneus)*, der hier gerade vorbeigezogen kam. Anderenorts trifft man diese Welse aber auch in ihrer südamerikanischen Heimat einzeln an! Panzerwelse sind Schwarmfische, die im Hinblick auf dieses Verhalten weniger festgelegt sind als manche anderen Arten. Auch im Aquarium ertragen sie das Alleinsein besser als typische Schwarmfische. Oft sondern sie sich von ihren Artgenossen ab. Da sie überdies untereinander friedfertig sind, kann man sie unbesorgt auch zu fünft im Aquarium halten.

Alle Regenbogenfische (hier Melanotaenia duboulayi) **sind Schwarmfische.**

Ansprüche und Bedürfnisse

Natürlich sollte es für jeden Fischfreund eine Selbstverständlichkeit sein, seine Tiere unter bestmöglichen Bedingungen zu halten. Nur dann bringt es Freude, Aquarienfische zu halten und zu beobachten. Welches aber sind die idealen Haltungsbedingungen? Das ist für jede Fischart unterschiedlich. Jede Art hat unterschiedliche Ansprüche und Bedürfnisse. Es sollte Ehrensache für jeden Aquarianer sein, sich vor dem Kauf seiner Fische über deren Ansprüche zu informieren.

Man kann die Fische, die üblicherweise im Aquarium gehalten werden, bestimmten Fischfamilien zuordnen. In den Verkaufsbecken der Zoohändler gibt es ständig neue Fische zu sehen. Auch sehr erfahrene Aquarianer stehen dann immer wieder einmal vor Tieren, deren Namen sie nicht kennen. Dann ist es sehr hilfreich, wenn man die Fische wenigstens den wichtigsten Fischfamilien zuordnen kann. In unserem Buch werden Ihnen die wichtigsten Fischfamilien mit jeweils ein oder zwei der wichtigsten Vertreter vorgestellt.

Ähren- und Regenbogenfische

Regenbogenfische sind in Australien und Neuguinea zu Hause. Es sind faszinierend farbige Schwarmfische, wie geschaffen für ein schön eingerichtetes Wohnzimmeraquarium. Trotz ihrer oftmals ganz imponierenden Größe sind sie harmlos gegen Pflanzen und andere Mitbewohner. Untereinander machen sie sich in aller Regel auch nicht das Leben schwer.

Verwandtschaftlich stehen ihnen die zierlicheren Blauaugen nahe. Beides sind muntere und oft sehr farbenprächtige Schwarmfische, die man an ihrer zweigeteilten Rückenflosse gut erkennen kann. Es ist nicht schwer, die Fische zu züchten, doch dafür sind zumeist Artbecken nötig, denn artfremde Fische stellen dem Laich nach.

Am besten verfährt man so, wie bei den anschließend beschriebenen Zwergregenbogenfischen.

Nicht immer sind es beide Eltern, die sich um den Laich, die Larven und die freischwimmende Brut kümmern. Ist das jedoch der Fall, spricht man von einer „Elternfamilie". Oft beteiligt sich der Vater nach dem eigentlichen Laichgeschäft nicht mehr an der Pflege um die Nachkommenschaft. Dies wird „Muttefamilie" genannt.

ZWERGREGENBOGENFISCHE *(Melanotaenia maccullochi)* Ein Schwarm dieser harmlosen, aber lebhaften Fische ist eine Bereicherung für jedes Gesellschaftsaquarium. Sie gehören zu den anspruchslosesten Fischen, wenn man nur für Wasserströmung sorgt und den regelmäßigen Teilwasserwechsel nicht vergisst.

Zur Zucht setzt man einige wenige Tiere in ein mit vielen zarten Pflanzen (z.B. Tausendblatt) ausgestattetes Extra-Aquarium, denn artfremde Fische stellen dem Laich nach. Sobald man die an kleinen Fäden hängenden, glasklaren Eier im Pflanzendickicht sieht, fängt man die Elterntiere heraus. Nach etwa 7 Tagen schlüpfen die Jungfische.

In Artbecken kommen bei guter Fütterung der Alttiere und einer ausreichend dichten Schwimmpflanzendecke auch in Gegenwart der Eltern viele Jungtiere hoch.

Buntbarsche

Mit über 600 Mitgliedern bilden die Buntbarsche eine sehr artenreiche Fischfamilie. Die oft auch als Cichliden bezeichneten Fische sind vorwiegend in Mittel- und Südamerika sowie in Afrika beheimatet. Nur vergleichsweise wenige Buntbarscharten leben in Südasien und im äußersten Süden des nordamerikanischen Kontinents.

Weniger ihre Farbigkeit, sondern eher die Vielfalt ihrer Verhaltensweisen machen Buntbarsche begehrenswert. Sehr viele von ihnen sind aber wegen ihrer Größe oder ihres manchmal recht eigenwilligen Charakters keine Fische, die sich für ein Gesellschaftsaquarium eignen. Auch wenn sie für spezialisierte Aquarianer ausgesprochen liebenswerte Fische sind, kann man Großcichliden nicht als Zierfische im eigentlichen Sinne bezeichnen.

Als Revierfische sind Buntbarsche nicht immer einfach zu halten. Besonders dann, wenn sie in Fortpflanzungsstimmung kommen, können sie oft mehr im Aquarium herumwirbeln als uns lieb ist. Zur Errichtung und Verteidigung ihrer Territorien erwacht in ihnen oft eine schöne Portion Aggression. Einige legen gern im Bodengrund Gruben für die zu erwartende Brut an und gestalten das Aquarium dabei auf ihre Weise um. Gelegentlich werden dann auch Pflanzen ausgewühlt. Bei den kleinbleibenden Arten sind auch diese Probleme kleiner. Sie können sowohl bei ihrer Wühltätigkeit als auch im Hinblick auf andere Fische nur wenig Schaden anrichten. Aber auch unter den mittelgroßen Buntbarschen gibt es einige ausgesprochen friedfertige Arten. Harmlose und pflanzenfreundliche Buntbarsche sollten eigentlich in keinem Gesellschaftsaquarium fehlen.

Die Beobachtungsmöglichkeiten an Cichliden, gerade bei der Pflege der Brut, sind vielseitig und es macht viel Freude, den Fischeltern beim Versorgen ihrer Nachkommenschaft zuzuschauen. Nicht nur viele Aquarianer, sondern auch professionelle Verhaltensforscher lassen sich vom interessanten Verhalten der Buntbarsche fesseln.

SEGELFLOSSER *(Pterophyllum scalare)* Seine bizarre, hoch gebaute Gestalt und seine dekorative schwarzweiße Färbung machten

Ein Schwarm Regenbogenfische (hier *Melanotaenia praecox*) ist fantastisch anzusehen.

INFO

Im Brutpflegeverhalten der Buntbarsche kann man zwei Grundformen unterscheiden, die Offenbrüter und die Versteckbrüter. Offenbrüter kleben ihre tarnfarbenen, meist nur kleinen, aber sehr zahlreichen Eier auf die Oberfläche von Steinen oder Blättern, während Versteckbrüter ihre verhältnismäßig großen und oft auffallend gelb oder rot gefärbten Eier an unzugänglichen Orten verstecken. Das sind in aller Regel Unterstände unter Kienholzwurzeln oder Höhlen. Aber auch die Maulbrüter, die ihre Brut im Maul schützend aufbewahren, werden zu den Versteckbrütern gezählt. Einige Maulbrüter, die ovophilen („eierliebenden") Arten, nehmen den Laich gleich nach der Ablage ins Maul. Bei den allermeisten Arten sind es die Mütter, aber hier gibt es auch Ausnahmen. Andere Maulbrüter, die larvophilen („larvenliebenden") Arten, legen dagegen ihre Eier erst wie Offenbrüter auf einem Substrat ab und nehmen die Brut erst kurz vor dem Schlüpfen in ihr Maul.

den Segelflosser zu einem der bekanntesten Aquarienfische. Er hat ein ruhiges und bedächtiges Wesen, ist eigentlich ausgesprochen friedfertig und daher wie kaum ein anderer Fisch für das Gesellschaftsaquarium geschaffen. Da Segelflosser aber immerhin die Größe einer Männerhand erreichen, oft sogar übertreffen, sollte man sie nur in ausreichend große Aquarien einsetzen.
Segelflosser werden schon seit vielen Generationen in Aquarien gezüchtet, es gibt sogar eine Reihe von Farbspielformen. Die Tiere sind daher längst nicht mehr so anspruchsvoll wie die ursprünglich aus Südamerika eingeführten Tiere vor vielen Jahrzehnten. Man kann sie ausgezeichnet mit allen gängigen Futtersorten ernähren, und auch an die Wasserqualität werden heutzutage keine großen Ansprüche mehr gestellt.

Wenn sich ein harmonisierendes Paar gefunden hat. laicht es auch im Gesellschaftsaquarium ab. Gemeinsam beginnen die Eltern in spe ein Revier um ein kräftiges Pflanzenblatt oder um ein anderes geeignetes Laichsubstrat zu verteidigen. Da Segelflosser vergleichsweise behäbige Fische sind, können sie den Mitbewohnern auch in dieser Phase keinen Schaden zufügen. Schließlich laicht das Paar ab, indem das Weibchen die Laichkörner auf dem Substrat anklebt und anschließend das Männchen über das Gelege gleitet und es besamt.
Natürlich ist an eine erfolgreiche Brutpflege im Gesellschaftsaquarium nicht zu denken. Auch wenn man das Paar in ein gesondertes Zuchtbecken übersiedelt, ist der Erfolg nicht garantiert. Aber ein Versuch ist allemal zu empfehlen, denn es gibt kaum etwas Schöneres für einen Aquarianer als ein Segelflosser-Paar, umgeben von einem zu hunderten zählenden Schwarm kleiner Mini-Segelflosser!

KAKADU-ZWERGBUNTBARSCH *(Apistogramma cacatuoides)* Zwergbuntbarsche haben alle liebenswerten Eigenschaften der Groß-Buntbarsche: Sie sind schön und oft sehr ansprechend gefärbt, vor allem aber haben sie ein aufregend interessantes Sozial- und Brutverhalten. Mit Zwergbuntbarschen wird es Ihnen sicher nicht langweilig! Gegenüber den meisten Großcichliden unterscheiden sie sich angenehm durch ihre Friedfertigkeit – was natürlich in erster Linie durch ihre geringe Größe zu erklären ist. Auch schaffen es die Zwergbuntbarsche nicht, Aquarienpflanzen auszugraben und freizuwühlen – für Großcichliden ist das oft eine einfache Übung. Auf der anderen Seite sollte ein Nachteil der Zwergbuntbarsche nicht verschwiegen werden: Sie sind meist anspruchsvoller im Hinblick auf die Wasserzusammensetzung und auf das Futter. Aber Ausnahmen bestätigen die Regel. In diesem Fall ist der Kakadu-

Segelflosser sind besondere Buntbarsche. Kein Buntbarsch ist so oft im Gesellschaftsbecken zu finden, wie dieser.

Zwergbuntbarsch ein gutes Beispiel. Er besiedelt auch in seiner südamerikanischen Heimat sehr verschiedenartige Lebensräume. Einige Populationen leben in den halbmeterdicken Schichten aus trockenem Fall-Laub am Boden sauerer Urwaldbäche, andere wiederum in den dichten Schwimmpflanzenpolstern der Wasserhyazinthen in basischen Seen. Es gibt kaum ein besseres Beispiel für unempfindlichere Fische!

Damit die Kakadu-Zwergbuntbarsche gut gedeihen, brauchen sie aber auf jeden Fall mehrere Höhlen als Versteckmöglichkeiten und als Brutplätze. Die Anzahl der Höhlen sollte mindestens der Zahl der Zwergbuntbarsche entsprechen. Als Höhlen können wir Kokosnussschalen mit kleinem Einschlupfloch, halbierte Blumentöpfe oder aus Steinen errichtete Höhlensysteme anbieten. Auch gut gedeckte Wurzelunterstände werden gern angenommen. Die Fische lieben es, wenn sie ihre Höhlen noch durch Ausbaggern von feinem Sand zusätzlich erweitern und ausbauen können.

Anders als viele der anderen Zwergbuntbarsche sind die „Kakadus“ auch mit Trockenfutter zufrieden. Gelegentliche Lebendfuttergaben werden aber dankbar angenommen. Wenn Sie Ihre Fische aufmerksam beobachten, werden Sie sicher mal unter der Höhlendecke eine ganze Anzahl von dicht nebeneinander klebenden Laichkörnern entdecken, die von der dann ganz gelb gefärbten Mutter eifrig befächelt und behütet werden. Die Jungen schlüpfen dann nach wenigen Tagen und werden als zunächst noch schwimmunfähige Larven in einer kleinen Grube am Boden der Höhle oder anderswo untergebracht. Natürlich brauche ich nicht betonen, dass die Kleinen in einem Gesellschaftsaquarium kaum Chancen haben, groß zu werden. Auch die friedlichsten Mitbewohner sehen die kleinen Zwergbuntbarsche als willkommenes Zufutter an!

Ein Trupp Sumatra-Barben (Barbus tetrazona)

Karpfenfische

Die Familie der Karpfenfische besteht aus etwa 1.250 Arten. Neben so bekannten Fischen wie dem einheimischen Karpfen und der Karausche zählen auch die Goldfische dazu. Sie sind wie ihre Zuchtformen Schleierschwänze gut auch für größere Kaltwasseraquarien geeignet. Vor allem gibt es unter den Karpfenfischen jedoch eine Vielzahl kleiner und oft bunter Tropenfische, die sich hervorragend für die Pflege in Aquarien eignen, allen voran die allesamt in Süd- und Südostasien beheimateten Bärblinge. Es sind sehr flinke und wendige Fische, die gern im kleinen Schwarm durch das Wasser jagen. Dabei sind sie ihren Mitbewohnern gegenüber immer harmlos. Barben sind kräftiger gebaut als die Bärblinge und robuster. Sie sind in der Haltung meist noch anspruchsloser als die Bärblinge. Allerdings sind gerade die großen unter ihnen oft so vital, dass sie mit ihren groben Spielen bei empfindlicheren Mitfischen Dauerstress erzeugen können. Unter den kleinbleibenden Arten gibt es jedoch viele, die ohne Vorbehalt empfohlen werden können.

Immer in Bewegung: Zebrabärblinge (Brachydanio rerio)

Die Zucht der Barben und Bärblinge ist nicht schwer, aber es sind doch immer spezielle Zuchtaquarien dafür erforderlich.

SUMATRABARBE *(Barbus tetrazona)* Die wunderschönen, lebhaften Fische kommen aus Hinterindien. Auch sie gehören in einen Schwarm. Sie sind genügsam, wenngleich gierige Fresser. Bei ihren Spielen können sie ruhige Fische wie Segelflosser oder Fadenfische gelegentlich stören, vor allem, da sie manchmal auch an deren Flossenfäden zupfen. Dann sollte man die Ernährung umstellen und es mit anderen Futtersorten versuchen.

Die Geschlechtsunterschiede sind bei genauerer Beobachtung zu erkennen. Die Männchen bleiben kleiner und etwas schlanker; sind üblicherweise auch bunter. Es ist ganz wichtig, auch Männchen im Schwarm zu haben, damit die Weibchen auch im Gesellschaftsbecken ablaichen können. Im anderen Fall sterben die Weibchen im Verlauf weniger Monate.

ZEBRABÄRBLING *(Brachydanio rerio)* Wer einmal gesehen hat, wie ein Schwarm Zebrabarben in rasantem Tempo durch das Aquarium flitzt, blitzschnell zwischen dichten Gruppen von Pflanzenbüscheln verschwindet, um wenig später an anderer Stelle wieder aufzutauchen – der ist von diesen Fischen begeistert. Sie haben keine bunten Farben, keine bizarren Formen, nur ein munteres Verhalten und ihre Zebrastreifung. Das und ihre absolute Friedfertigkeit und Anspruchslosigkeit machten sie zu einem der beliebtesten Aquarienfische.

Dazu kommt sicher noch, dass Zebrabärblinge wirklich leicht zu züchten sind. Daher sind sie für vergleichsweise wenig Geld zu bekommen. Gelegentlich sieht man auch die Zuchtform mit den Schleierflossen, die es nach meinem Geschmack allerdings an Eleganz und Temperament nicht mit dem Original-Zebra aufnehmen kann.

Neben dem eigentlichen Zebrabärbling gibt es auch noch eine getüpfelte Form, den Leopardbärbling *(Brachydanio „frankei")*. Es ist wohl immer noch nicht geklärt, ob es sich dabei um eine eigene Art handelt oder um eine unter Aquarienbedingungen entstandene Zuchtvariante. Dem Leopardbärbling ähnlich ist der etwas ruhigere, aus Burma stammende Tüpfelbärbling *(Brachydanio nigrofasciatus)*, der aber leider nur noch selten in unseren Aquarien angetroffen wird.

Labyrinthfische

Labyrinthfische sind in Südasien und Afrika beheimatet. Die meisten Arten sind revierbildend. Spätestens dann, wenn sie in Brutstimmung kommen, verteidigen sie ihr Revier gegen andere Fische. Das macht sie nicht immer zu ganz einfachen Mitbewohnern. Andererseits gibt es unter ihnen aber so farbenprächtige und auch einige besonders vom Verhalten her so unglaublich interessante Arten, dass viele Aquarianer sich sogar auf Labyrinther spezialisiert haben.
Die meisten der im Zoofachhandel erhältlichen Arten sind ausgezeichnete Pfleglinge für das normale Gesellschaftsaquarium. Sie müssen aber darauf achten, dass im Aquarium wirklich strömungsarme Gebiete vorhanden sind. Zu starke Filter sind die Hauptursache für das vorzeitige Eingehen vieler Labyrinthfische. Anders als Salmler, Welse und Karpfenfische können Labyrinthfische auf Dauer nicht gegen eine ständig erfolgende Wasserströmung anarbeiten.
Die meisten Labyrinthfische sind brutpflegend, die gelegentlich selbst im Gesellschaftsaquarium ihre am Wasserspiegel errichteten Schaumnester erbauen. Es ist für Aquarianer immer wieder faszinierend zu beobachten, wie die in allen Farben herrlich erglühten Männchen zunächst ihr Nest

Ein Mosaikfadenfisch-Männchen legt sein Schaumnest an.

Mosaikfadenfisch (Trichogaster leeri)**: Nestbau ist die Arbeit der Männchen.**

INFO

Gemeinsames Merkmal der Labyrinthfische ist ihr Labyrinthorgan. Das ist eine vielfach gefaltete, mit Luft gefüllte Höhle, die unter den Kiemendeckeln verborgen liegt. In unregelmäßigen Abständen schwimmen Labyrinthfische zum Wasserspiegel, um die verbrauchte Luft im Labyrinthorgan gegen frische Luft auszutauschen. Auch wenn viele Labyrinthfische ohne ihr Labyrinthorgan in den oft sauerstoffarmen und warmen Sumpfgebieten ihrer tropischen Heimatländer ersticken würden, handelt es sich bei der Labyrinthatmung nur um eine Zusatzeinrichtung. Wichtigstes Atemorgan bleiben auch bei den Labyrinthfischen die Kiemen.
Unter den Labyrinthfischen gibt es auch einige Arten mit Maulbrutpflege. Bei ihnen bewahren die Väter den Laich und später die zunächst noch hilflosen Larven in ihrem Maul auf, bis die Kleinen selbstständig sind. Natürlich müssen die Väter während der Maulbrutpflege fasten, teilweise bis zu drei Wochen. Zu den Maulbrütern gehören unter den Labyrinthfischen die Schokoladenguramis und einige nur selten im Handel zu bekommende Kampffischarten.

erbauen und dann versuchen, ihre Weibchen unter ihr Nest zu locken. Wenn das Weibchen schließlich nach vielem Zögern unter dem Nest erscheint, umschlingen sich die Fische, verharren in dieser Umschlingung freischwebend einige Zeit unter dem Nest und geben dann ihre Laichprodukte ab. Je nach Art steigen die Eier entweder alleine unter das Nest hoch (Fadenfische und Makropoden) oder die nach unten rieselnden Eier müssen nun von den Eltern aufgesammelt und zum Nest gebracht werden (Kampffische).
Bei den Labyrinthfischen tragen die Männchen die Verantwortung für den Nestbau und die Versorgung der Brut. Bei einigen Arten allerdings übernehmen die Weibchen Hilfsfunktionen. Wenn die Kleinen selbstständig schwimmen können, bleiben sie nicht wie die meisten kleinen Buntbarsche im Schwarm zusammen. Sie halten untereinander keinen Kontakt und können daher nach dem Freischwimmen vom Vater nicht mehr zusammengehalten und geschützt werden.

SIAMESISCHER KAMPFFISCH *(Betta splendens)*
Bis in die Gegenwart ist es in Teilen Thailands und Malaysias üblich, in kleinen Behältern bestimmte Fischarten zum Kampf zusammenzusetzen und Wetten auf den Sieger abzuschließen. Zu diesen Fischen gehören auch die Männchen von Betta splendens, daher der deutsche Name Kampffisch. Wir halten die Kampffische natürlich aus anderen Gründen – man hat aus der Naturform nämlich auch wunderschöne Schleier-

Ein Trupp Honigfadenfische (Lolisa chuna).

formen in allen denkbaren Farben gezüchtet. Allerdings haben sie noch das kämpferische Temperament ihrer Vorfahren, obwohl sie wegen ihrer zarten Schleierflossen denkbar ungeeignet für Duelle wären. So sollten wir im Becken immer nur ein Männchen halten, auch wenn man in Spezialfällen sehen kann, dass auch andere Vergesellschaftungsmöglichkeiten realisierbar sind. Übrigens beschränkt sich die Kampfeswut der Kampffisch-Männchen nur auf ihresgleichen. Die Kampffisch-Weibchen und die anderen Fische haben dagegen nichts Ernsthaftes zu befürchten. Lediglich bei der Verteidigung des Nestes und der Brut werden andere Fische angegriffen. Aber das gilt ja für die meisten Revierfische und auch beim Kampffisch bleibt das normalerweise eine harmlose Angelegenheit!

FADENFISCHE *(Colisa und Trichogaster)*
Auch Nichtaquarianer sind immer wieder von den bizarr gebauten Fadenfischen fasziniert. Die meist hochgebauten, aber seitlich flach zusammengedrückten Fische mit den langen, haarartigen Fäden (in Wirklichkeit Bauchflossen) und den bunten oder silbrig weißen Körpern fallen sofort auf. Meist stehen sie ruhig im Wasser oder ziehen bedächtig durch das Wasser.
Man unterscheidet die aus Hinterindien stammenden *Trichogaster* Arten von den vorderindischen Arten der Gattung *Colisa*. Die Gattung *Trichogaster* hat eine kürzere Rückenflosse und die Fische werden durchweg deutlich größer. Als besonders farbenprächtig seien die Mosaikfadenfische und die Blauen Fadenfische empfohlen, aber auch die Mondscheinfadenfische sind mit ihrer fahlblassen Färbung ein Blickfang für jedes Aquarium. Nicht weniger empfehlenswert sind die *Colisa*-Arten. Auch sie sind wunderschön gefärbt – zumindest die Männchen! Am häufigsten werden die Zwergfadenfische *(Colisa lalia)* und der Honigfadenfisch *(Colisa chuna)* angeboten, gelegentlich aber auch die etwas Größeren unter den Kleinen: der Dicklippige

Ein Piraha-Schwarm – nur für große Artaquarien wirklich empfehlenswert.

Fadenfisch *(Colisa labiosa)* mit seiner goldfarbenen Zuchtform und der Gestreifte Fadenfisch *(Colisa fasciata)*.

Salmler

Zu den Salmlern gehören wohl die bekanntesten und typischsten Aquarienfische. Nur wenige andere Fische sind für die Aquarienhaltung so empfehlenswert wie die Salmler. Einige Arten kommen auch aus Afrika, aber das ist nur ein vergleichsweise kleiner Teil. Der überwiegende Teil unserer Salmler stammt aus den Flüssen und Bächen Südamerikas.

Unter den Salmlern gibt es auch größere und sogar räuberische Arten. Unter anderem gehören dazu die berüchtigten Piranhas des Amazonasgebietes, die zur schwarmweisen Haltung in wirklich großen Artaquarien durchaus geeignet sind. Die meisten Salmler jedoch sind typische, meist sehr friedliche Schwarmfische. Fast alle sind durch den Besitz einer Fettflosse ausgezeichnet, einer kleinen, nicht von Flossenstrahlen gestützten Flosse, die sich zwischen Rücken- und Schwanzflosse befindet.

Gelegentlich kann man Salmler beim Ablaichen im Gesellschaftsbecken beobachten, aber die Jungen kommen nur in Ausnahmefällen hoch. Zur Salmlerzucht braucht man Spezialaquarien, die vorher desinfiziert werden müssen. Das Wasser muss völlig bakterienfrei sein, sehr mineralarm und leicht sauer. Aber natürlich gibt es auch hier wieder Ausnahmen – Salmler, die nicht im Schwarm gehalten werden müssen, die keine Fettflosse haben und Salmler, die man relativ leicht und ohne Schwierigkeiten züchten kann!

Je größer der Schwarm, desto besser wirken sie: Rote Neon oder Neonsalmler.

DER ROTE NEONSALMLER *(Paracheirodon axelrodi)* „Rote Neons" gehören zu den beliebtesten Aquarienfischen. Natürlich ist die spektakuläre Färbung der Grund dafür. Als typische Schwarmfische sind Neonsalmler aber immer in Gruppen zu halten – nichts geht unter zehn Tieren. Viel schöner wirken sie aber in einem wirklich großen Schwarm – und den Fischen geht es dann sicher auch besser! Die Tiere stammen aus den Schwarzwasserbächen Amazoniens und sind dort an ganz geringe Härtegrade und an Säurewerte von 5,3 bis 5,8 angepasst. Je näher man diesen Werten kommt, desto besser dürfte es für die Fische sein. Zeitweise halten sie sich im Aquarium auch bei pH-Werten bis 7,8 und Härten bis 20. Nach wenigen Monaten sterben solche Fische aber an Nierenversagen. Halten Sie sich an die Werte in der Tabelle! (◉ S. 30)

Wer weniger anspruchsvolle Neonfische halten möchte, sollte *Paracheirodon innesi*, den normalen Neonsalmler, nehmen. Diese Fischchen sind ebenfalls mit den wunderschönen Leuchtfarben ausgestattet, ihre Rotfärbung beschränkt sich aber nur auf die hintere Hälfte ihres Körpers. Sie vertragen ziemlich harte und basische Wasserwerte; aber natürlich sollten wir ihnen das nicht zumuten. Auch sollten Sie sie nicht bei zu hohen Temperaturen pflegen – mehr als 24 °C wäre auf Dauer zu viel!

Schmerlen und Dorngrundeln

Dies sind gesellige Grundfische mit unterständigem Maul. Sie sind in ganz Eurasien

Friedliche, aber sehr attraktive Fische: Schachbrettschmerlen.

verbreitet. Die auffallende Färbung vieler Arten ist im Zusammenhang mit ihren Dornen als Warnsignal zu verstehen. Reiher, Eisvögel oder andere Fischjäger lernen so sehr schnell, die stacheligen Gesellen zu meiden. Besonders auffallend gezeichnet sind die aus Südostasien stammenden Schmerlen der Gattung *Acanthophthalmus*. Die dämmerungsaktiven, wurmförmigen Fische lieben es, sich in den Bodengrund einzugraben. Die Augen sind zum Schutz gegen Verletzungen beim Wühlen im Boden von einer durchsichtigen Haut überwachsen.
Die Schmerlen der Gattung *Botia* sind torpedoförmige, schnelle Schwimmer. Sie werden häufig gekauft, denn es sind oft sehr ansprechend gezeichnete Tiere. Die Schmerlen lieben es, tagsüber in einer Höhle oder in einem dunklen Unterstand zu ruhen. Diese Deckung spendenden Orte werden dann auch hartnäckig als Revier gegen Artgenossen verteidigt. So kommt es, dass viele Arten als zänkisch verschrieen sind. Diese Streitereien sind jedoch harmlos, solange Sie dafür sorgen, dass jedes Tier einen eigenen Unterstand findet, der ausreichend weit von dem der Artgenossen entfernt ist. Meist kommt es erst zu Problemen, wenn man die Schmerlen einzeln hält. Dann können sie in der Tat anderen Mitbewohnern lästig werden.
SCHACHBRETTSCHMERLE *(Botia sidthimunki)*. Schmerlen sind in aller Regel keine typischen Schwarmfische, auch wenn sie im Freiwasser gelegentlich im Schwarm angetroffen werden. Eine Ausnahme sind in dieser Hinsicht die relativ klein bleibenden Schachbrettschmerlen *(Botia sidthimunki)*. Sie sind ausgesprochen friedlich und auch im Aquarium schließen sie sich gern im schwarmartigen Verband zusammen. Leider wird man nicht häufig das Glück haben, diese Fischchen zu bekommen.

Welse

Welse sind Außenseiter unter den Aquarienfischen. Es sind weitgehend dämmerungsaktive und farblich wenig auffallende Bodenfische, aber ihre oft possierliche Art und ihr manchmal auch skurriles Wesen sichern ihnen viele Freunde unter den Aquarianern. Typisches Merkmal der Welse sind bartartige Hautfäden im Maulbereich, die vorwiegend zum Ertasten und Erschmecken der Beute dienen. Bei der Nahrungssuche orientieren sich die Fische meist mehr mit ihren Barteln als mit den Augen.

Es ist kaum möglich, zum Verhalten der Welse allgemeine Aussagen zu machen. Unter ihnen gibt es sowohl Einzelgänger als auch Schwarmfische, harmlose Pflanzenfresser, aber auch große Raubfische. Für verhaltenskundlich Interessierte gibt es gerade hier noch viel zu entdecken! Besonders das Fortpflanzungsverhalten der Welse kann sehr variabel und hochentwickelt sein.

PANZERWELSE *(Corydoras-Arten)*

Die kleinen und auch tagsüber angenehm aktiven Panzerwelse aus dem Amazonasgebiet sollten in keinem Gesellschaftsaquarium fehlen. Sie lieben jedoch die Gesellschaft von ihresgleichen und Sie sollten sich schon mindestens fünf von diesen possierlichen Bodenwühlern zulegen. Sie müssen allerdings alle von einer einzigen Art sein – eine zusammengewürfelte Gruppe ist nicht so schön und vor allem für die Welse nicht passend.

Trotz ihrer Anspruchslosigkeit haben aber auch diese Fischchen Bedürfnisse, auf die wir einzugehen haben: Panzerwelse brauchen sandigen Boden, keinen groben oder gar scharfkantigen Kies, der ihre Barteln aufscheuern würde. Und Sie sollten darauf achten, dass unsere Welse auch wirklich ausreichend Futter bekommen. Sie fressen zwar Futter, das zu Boden gefallen ist – aber als „Abfallfresser" können sie nicht existieren! Panzerwelse bewohnen meistens Fließgewässer. In den regenärmeren Monaten können sie aber in Resttümpeln vom Flüsschen abgeschnitten sein und müssen dann mit recht sauerstoffarmem Wasser vorlieb nehmen. Trotzdem behaupten sich die Fische auch unter diesen Bedingungen. Sie atmen atmosphärische Luft, die sie mit dem Maul aufnehmen und dann durch den Darm pas-

Ein blauer Antennenwels (Ancistrus aff. Dolchiopterus), **gehört zu den Antennen-Harnischwelsen.**

Auch diese Leoparden-Panzerwelse wirken im Schwarm am besten.

sieren lassen, wobei der lebensnotwendige Sauerstoff entzogen wird. Diese Darmatmung kann man auch im Aquarium regelmäßig beobachten.

Unter den Panzerwelsen gibt es auch Arten, die man getrost als schwierig in der Haltung und Pflege bezeichnen kann. Daher seien für den Anfang die Marmorierten Panzerwelse *(Corydoras paleatus)*, der Metallpanzerwels *(C. aeneus)* und der Pandapanzerwels *(C. panda)* empfohlen.

BRATPFANNENWELS *(Dysichthys coracoideus)* Die früher als *Bunocephalus* bezeichneten Bratpfannenwelse werden immer wieder mal von den Zoofachhändlern angeboten. Sie liegen fast immer träge auf dem Boden oder halb eingegraben in feinem Bodengrund. Wenn es Futter gibt, können sie aber urplötzlich munter werden! Bratpfannenwelse wirken in erster Linie durch ihre bizarre Gestalt. Bratpfannenwelse sind anspruchslose Fische. Sie brauchen allerdings klares und leicht bewegtes Wasser. Als Nahrung nehmen sie gern Wurmfutter wie Tubifex, noch lieber kleine Regenwürmer. Dann zeigen sie, wie riesig ihr Maul wirklich ist und was alles in ihr Bäuchlein hineinpasst! Aber auch anderes Lebend- und Gefrierfutter sowie Futtertabletten werden gerne genommen.

Von ihren Mitbewohnern werden die fast immer ruhig liegenden Welse zumeist gar nicht registriert. Andererseits sind ausgesprochen kleine Fische, speziell Jungfische, die nachts am Boden ruhen, vor unseren nachtaktiven Welsen nicht sicher!

Zahnkarpfen

Sicher gibt es nur wenige Fischgruppen, die so farbige Fische wie die Zahnkarpfen aufweisen. Gleichzeitig gibt es unter ihnen aber auch besonders genügsame Arten, die zudem den Vorteil haben, sich leicht zu vermehren.

Bei den Zahnkarpfen unterscheidet man die lebend gebärenden Zahnkarpfen und die eierlegenden. Lebend gebärende Zahnkarpfen

Verschiedene Arten von lebend gebärenden Zahnkarpfen.

sind bei den Aquarianern altbekannt. Der Schwertträger, der Black Molly und der Guppy gehören dazu. Seltener sieht man in Aquarien eierlegende Zahnkarpfen. Diese oft auch als Killifische bezeichneten *Cyprinodontidae* stellen einige der buntesten Aquarienfische. Es sind derzeit 54 Gattungen mit zusammen etwa 500 Arten bekannt, von denen die überwiegende Mehrzahl aus dem tropischen Amerika und aus Afrika kommt.

Bei den eierlegenden Zahnkarpfen unterscheidet man nach dem Ablaichverhalten Pflanzen- und Bodenlaicher. Einige der Bodenlaicher begnügen sich nicht, ihren Laich auf dem Bodengrund abzugeben. Sie tauchen in den morastigen Bodengrund ihrer Heimatgewässer regelrecht ein und legen ihre Eier dort in der Tiefe ab. Eine Erklärung für dieses Verhalten ergibt sich vor allem aus der Tatsache, dass diese Gewässer in der Trockenzeit mehr oder weniger regelmäßig austrocknen. Die Altfische sterben ab, während die Eier im Bodengrund überdauern. Wegen ihrer nur sehr kurzen Lebenszeit spricht man auch von „Saisonfischen". Das Alter ist erblich festgelegt, denn auch unter Aquarienbedingungen werden diese Fische kaum älter als ein Jahr.

Lebend gebärende Zahnkarpfen sind in Mittelamerika und im Norden Südamerikas zu

Hause. Gewöhnlich trifft man sie in lockeren Schwärmen an. Die Männchen sind meist kleiner als ihre Weibchen und an ihrer zu einem Begattungsorgan umgebauten Afterflosse unschwer zu erkennen. Bei diesen Fischen muss also innere Befruchtung stattfinden. Oft genügt eine einzige Begattung für lange Zeit, denn die Weibchen können die Spermien in ihrem Körper speichern und dann bei Bedarf zur Befruchtung der heranreifenden Eier verwenden. Die Jungfische kommen voll ausgebildet zur Welt und begeben sich sofort selbstständig auf die Nahrungssuche. Allerdings stellen die Eltern, wie natürlich auch die anderen Bewohner eines Gesellschaftsbeckens, den Kleinen oft nach, so dass es in den meisten Fällen ratsam ist, die Jungfische durch Herausfangen zu retten und gesondert aufzuziehen. Wenn Ihr Gesellschaftsaquarium jedoch gut bepflanzt ist und wenn eine dicke Schwimmpflanzendecke vorhanden ist, kommen aber auch in Gegenwart anderer Fischarten einige kleine Guppies oder Schwertträger hoch.

PLATY *(Xiphophorus maculatus)* In mittelhartem und hartem Wasser fühlen sich die lebhaften Platies wohl. Es gibt sie in allen möglichen Farbformen – in knallrot, gelblich und mit großen Schwarzanteilen. Daher sind sie ideale Fische, die nicht nur Leben, sondern auch Farbe ins Becken bringen. Darüber hinaus sind sie sehr anspruchslos und völlig harmlos gegenüber ihren Mitbewohnern. Platies gehören zu den lebend gebärenden Zahnkarpfen. Die Jungen entwickeln sich bereits im Körper der Mutter und werden vollständig entwickelt geboren. Das bedeutet, dass bei diesen Fischen die Eier bereits im Körper der Mutter befruchtet werden müssen; dass also eine Begattung stattfinden muss. Die Männchen sind sofort an der schlanken, zugespitzten Afterflosse zu erkennen, dem Gonopodium. Es dient als Begattungsorgan. Auch im Gesellschaftsaquarium werden häufig Jungfische groß, vor allem, wenn eine Schwimmpflanzendecke vorhanden ist. Schon mit drei bis vier Monaten können Platies zuchtfähig sein.

GUPPY *(Poecilia reticulata)* Auch Nichtaquarianer haben meist vom Guppy, dem Millionenfisch, schon gehört. Das Fischchen ist nach dem Rev. Robert Guppy benannt, der 1866 einige Exemplare an den Fischexperten Günther zur Bestimmung geschickt hatte.

Guppys gibt es in den verschiedensten Zuchtformen.

Die weiblichen Guppies sind nicht sonderlich auffallend, aber die kleineren Männchen sind wirklich in allen Farben des Regenbogens geschmückt. So hatten schon die Wildguppies die Aquarianer der ersten Stunde begeistert. Bald hatten sie aus den pflegeleichten und leicht zu vermehrenden Fischchen größere und noch weit farbenprächtigere Tiere mit schleierartigen Flossenbehängen gezüchtet. Selbst die Guppyweibchen unserer Zuchtrassen sind vielfach lange nicht mehr so unscheinbar wie die Wildform.
Die ursprüngliche Heimat dieser Fische ist der Norden Venezuelas und die benachbarten Inseln im Süden des Karibischen Meeres. Als eifrige Vertilger von Moskitolarven und damit als Malariabekämpfer wurden die Guppies inzwischen aber in vielen Teilen der Tropen ausgesetzt. Aber sicher haben auch Aquarianer dabei mitgewirkt, dass Guppies jetzt nicht nur in Südamerika, sondern auch vielerorts in Südostasien anzutreffen sind. Selbst in der Regenwasserkanalisation der Stadt Kutsching in Borneo habe ich sie in Massen gefangen. Heute ist die Guppyzucht beliebtes Hobby sowohl bei den Jungaquarianern, die ihre ersten Aquarienfische züchten, als auch bei den Spezialisten, die sich als echte Profis intensiv mit der Guppyhochzucht beschäftigen. Durch immerwährende kritische Auslese der Nachzuchttiere werden Hochzuchtrassen erhalten und neue Formen

Der gebänderte Prachtkärpfling stammt ursprünglich aus Westafrika.

herangezüchtet. Auf internationalen Ausstellungen werden die besten und attraktivsten Zuchtformen vorgestellt und ausgezeichnet. Auch wenn Sie keine Preise mit Hochzuchtguppies erringen wollen, Sie sollten auch Ihren Guppies die bestmöglichen Pflegebedingungen zukommen lassen. Dazu gehört der regelmäßige Wasserwechsel, ein gut bepflanztes, ausreichend helles Aquarium und natürlich friedliche Mitbewohner. Viel Freude bereiten Guppies auch im Artbecken (◉ S. 34)! Nebenbei bemerkt: Unter den Wildguppies, aber auch unter den Hochzuchtrassen, gibt es Formen, die in der Haltung und Zucht alles andere als einfach sind.

GEBÄNDERTE PRACHTKÄRPFLINGE

(Aphyosemion bitaeniatum) Heimat der gebänderten Prachtkärpflinge sind die Küstengebiete Westafrikas von Togo und Benin bis zur Nigermündung in Nigeria. Hier leben sie in kleinsten Tümpeln. Die Männchen erreichen eine Maximallänge von gut 4 cm, ausnahmsweise auch Größen bis zu 5 cm. Die Weibchen bleiben gut 1 cm kleiner. Die ansprechende Prachtfärbung der Männchen mit den Orange- und Goldtönen, den stahlblauen Körperzonen und der dunklen Musterung im Kopfbereich kann am besten ein Farbbild verdeutlichen.

Prachtkärpflinge halten sich vorzugsweise im Bereich der Wasseroberfläche auf. Sie benötigen für Tropenfische vergleichsweise niedrige Temperaturen (21–24 °C) und neutrales, möglichst nicht zu hartes Wasser. Zur Vergesellschaftung eignen sich andere kleine Friedfische mit vergleichbaren Wasseransprüchen. Ein schwer wiegendes Problem bei der Haltung dieser Fische gibt es aber doch noch: Wenn Sie nicht die Möglichkeit haben, Ihren Prachtkärpflingen regelmäßig auch Lebendfutter (Wasserflöhe oder entsprechendes) zu besorgen, dürfen Sie sich die Tiere nicht anschaffen!

Die Zucht der Prachtkärpflinge ist nicht aufwendig. Die Fische laichen vorzugsweise an zarten Pflanzen in Bodennähe ab. Gern laichen sie in und an Moospolstern des Javamooses. Wenn kein entsprechendes Laichsubstrat angeboten wird, wird ersatzweise auch im Torf abgelaicht. Nach dem Ablaichen sollte man das Laichsubstrat mit den anheftenden Laichkörnern in ein gesondertes Aufzuchtbecken überführen. Die Jungen schlüpfen je nach Temperatur nach 2–3 Wochen. Bei häufigem Wasserwechsel ist die Aufzucht nicht schwer – wenn die Jungen „gut im Futter stehen“, wachsen sie schnell zu schönen Prachtkärpflingen heran.

AUSGANGSWERTE	WAHLMÖGLICHKEIT	KOMMENTAR
Weiche, leicht saure Wasserwerte (5 – 9 °dGH, pH 6 – 7) Die Wasserwerte unseres Haushaltswassers sind oft wichtig für unsere Entscheidungen. Oft reicht ein Anruf beim zuständigen Wasserwerk!	**Weichwasserfische**	Fast immer ist Wasseraufbereitung und regelmäßige Überprüfung nötig! Viele Fische aus den tropischen Regenwäldern brauchen diese Wasserwerte.
Mittelharte bis ziemlich harte, neutrale Wasserwerte (9 – 18 °dGH, pH um 7)	**Besonders geeignete Aquarienfische**	Wasser, das vielerorts in der Leitung ist. Meist für Arten, die schon seit Generationen in Aquarien gehalten und gezüchtet werden. Auch viele Regenwaldfische gehören dazu – zur Zucht bevorzugen sie aber immer noch weichere Wasserwerte.
Harte bis sehr harte und neutrale bis basische Wasserwerte (19 – 30 °dGH, pH 7 bis 8,5)	**Hartwasserfische**	Leitungswasser in kalkreichen Gebieten. Eignet sich für ostafrikanische Cichliden, australische Regenbogenfische und für Tiere, die gelegentlich auch ins Brackwasser gehen (einige Zahnkarpfen, Schützenfische, Argus).
Fischbesatz	**Arten-Zusammensetzung**	Voraussetzungen: Deckungsgleiche Ansprüche im Hinblick auf das Wasser (Temperatur, chemische Werte, Strömung). Auch wichtig: die Fische sollen im Hinblick auf die Größe (auch auf die zu erwartende Größe!), das Verhalten (friedfertig?) und die Futteransprüche (Nur-Lebendfutter-Fresser?) zueinander passen.
	Zahl	Faustregel: auf 1 Liter Aquarienwasser nicht mehr als 1 cm Fisch! Ein 100 Liter Aquarium kann also 20 Fische von je 5 cm Länge aufnehmen. Schwarmfische nur in größeren artgleichen Verbänden, bei Revierfischen ist Fingerspitzengefühl und Erfahrung erforderlich – die Portraits geben Tipps!

DER OPTIMALE FISCHBESATZ

AUSGANGSWERTE	WAHLMÖGLICHKEIT	KOMMENTAR
Aquariengröße etwa 50 Liter Die Größe wird am einfachsten als Literzahl angegeben. Berechnung: Höhe x Länge x Breite (in cm), geteilt durch 1000	**Artaquarium** **(S. 34)**	In dieser Größe für viele kleinere Arten ideal, wenn besondere Ansprüche (Wasser, Futter) erfüllt werden sollen. Schön eingerichtetes Kleinbecken für nur eine Art. Für viele „Anfänger" problematisch, da sie meist mehr Abwechslung bevorzugen!
	Artenaquarium **(S. 37)**	Gut für Killifische und einige andere Fischgruppen – auch eher für Spezialisten.
	Zuchtbecken	Für kleinere Arten geeignet, z. T. mit Boden und Pflanzen eingerichtet (Labyrinthfische, viele Welse und Zwergbuntbarsche) – dann mit einem Artaquarium gleichzusetzen, teilweise auch steril (Salmler, empfindliche Karpfenfische). Für Spezialisten sehr zu empfehlen.
Aquariengröße ab etwa 100 Liter	**Gesellschaftsaquarium** **(S. 38)**	Kombination von Fischen, die sich vertragen und weitgehend gleiche Ansprüche an Temperatur und die weiteren Wasserwerte stellen. Am besten werden typische Bodenfische (Apistogramma, Corydoras) mit Fischen mittlerer Wasserzonen (Hemigrammus und viele andere Salmler) mit Oberflächenfischen (viele Zahnkarpfen, Labyrinthfische) zusammengesetzt, da sie sich wenig ins Gehege kommen. Der häufigste Aquarientyp! Zimmerschmuck!
	Biotopaquarium **(S. 42)**	Zusätzlich zu den Gesichtspunkten, die für das Gesellschaftsaquarium gelten: Die Bewohner (also auch die Pflanzen) sollten in einem gemeinsamen Gebiet beheimatet sein (Kontinent, Flusssystem, Bachabschnitt).

Die Aquarientypen

Die meisten Aquarianer wünschen sich ein dekorativ eingerichtetes Pflanzenbecken mit verschiedenen farbenfrohen Fischen, ein so genanntes Gesellschaftsaquarium. Aber es gibt auch andere Möglichkeiten und andere Aquarientypen.

Das Artaquarium

Im Artaquarium bringt man nur Fische einer einzigen Art unter. Das hat viele Vorteile. Empfindliche oder anspruchsvolle Fische können sich hier ungestört durch artfremde Konkurrenten entfalten. In vielen Fällen lassen sie uns Einblick in ihr Leben nehmen, wie es anderswo nicht möglich wäre. So werden wir dafür entschädigt, dass wir uns beim Betrachten der Fische auf eine einzige Art beschränken müssen. In solchen Aquarien kommen auch immer wieder Jungfischchen hoch, ohne dass Sie dabei sehr viel zu tun hätten.

GUPPIES IM ARTAQUARIUM

Für ein Artaquarium mit Guppies genügt bereits ein kleines 40-Liter Aquarium. Sie sollten es gut und abwechslungsreich bepflanzen und die Pflanzen sollten bis zur Wasseroberfläche reichen. Oder Sie nehmen einen Sumatrafarn als Schwimmpflanze. Da muss natürlich immer wieder ausgedünnt werden, denn bei guter Beleuchtung – und die brauchen Sie – wachsen die Pflanzen schnell und gut. Keine Angst, Guppy-Aquarien sind vor Veralgung weitestgehend geschützt. Die kleinen Zahnkarpfen sorgen durch ständiges Abweiden dafür, dass Algen keine Chance haben. Auf einen Filter können Sie hier gut auch verzichten.
Besorgen Sie sich bei einem kleinen Aquarium zunächst nur ein Weibchen und ein Männchen, das Ihnen besonders gut gefällt. Sie können die beiden getrost Adam und Eva taufen, denn sie werden die Stammeltern

Ein dicht bepflanztes Gesellschaftsaquarium – der Wunsch vieler Aquarianer.

Auch Guppys kann man im Artaquarium halten.

ihrer Guppy-Population. Wenn Sie richtig füttern – nicht zu wenig und vor allem nicht zu viel! – werden Sie bald winzige Jungguppys zwischen den Pflanzen im Oberflächenbereich sehen. Natürlich kann man kleine Guppies auch mit fein zerriebenem Trockenfutter aufziehen, die meisten Leute machen das so. Wenn Sie den Kleinen aber etwas Gutes tun wollen, fragen Sie Ihren Zoofachhändler nach einem Brut-Set für Salinenkrebschen. Frisch geschlüpfte Salinenkrebse *(Artemia salina)* sind ein ideales Aufzuchtfutter für die kleinen Guppies. Auch die Eltern fressen gerne mit und lassen dann ihre Kinder in Ruhe! – Ein Vorschlag für die Bepflanzung: Sumpfschrauben *(Vallisneria)* und Indischer Wasserfreund *(Hygrophila)*, als Schwimmpflanzen Sumatrafarn oder Riccia.

Guppies sind nicht nur Anfängerfische! Wer sich intensiv mit der Guppy-Hochzucht beschäftigt – also mit der Heranbildung ganz spezieller Zuchtformen – muss schon ein Könner sein. Nur die Tiere, die dem Zuchtziel am nächsten kommen, dürfen dann zur Weiterzucht benutzt werden. Und man muss wissen, dass ein einmal befruchtetes Weibchen die Samen und damit die Erbanlagen für die kommende Generation schon wochen- oder monatelang in seinem Körper tragen kann! Ihr „Adam" muss daher nicht unbedingt der alleinige Stammvater Ihrer Jungguppies sein!

Auch Regenbogenfische sind ideal für ein Artaquarium geeignet.

WEITERE BEISPIELE FÜR ARTAQUARIEN

Alle Fische kann man im Artaquarium halten. Besonders sinnvoll ist das natürlich, wenn man sie züchten will, ja, in den meisten Fällen ist der Fischzüchter darauf angewiesen, seine Zuchttiere getrennt von den Mitfischen anzusetzen – das gilt selbst für die meisten Schwarmfische.

Regenbogenfische – speziell die kleiner bleibenden Arten – und die Blauaugen sind ausgezeichnet für die Haltung im Artbecken geeignet. In dicht bepflanzten Aquarien werden immer wieder kleine Regenbogenfische groß – Sie sollten allerdings nicht die Fütterung mit Salinenkrebschen vergessen! Die Größe eines derartigen Artaquariums ist wie immer eine Gewissensfrage – je größer, desto besser. Dasselbe gilt auch für die Zahl der Bewohner – Regenbogenfische leben gern im Schwarm. Andererseits sind sie untereinander so ausgesprochen friedfertig, dass man hier guten Gewissens eine Ausnahme von der Zehner-Regel machen kann.

Auch sechs artgleiche Blauaugen oder Regenbogenfische sind geeignet. Die Mindestgröße des Aquariums hängt dann von der zu erwartenden Endgröße der Fische ab. Eine grobe Beispielrechnung: Sie wünschen sich Zwergregenbogenfische *(Melanotaenia maccullochi)*. Sie lesen im Buch oder erfahren vom Zoofachhändler, dass diese Tiere etwa 7 cm groß werden. Dann rechnen Sie für jeden Fischzentimeter einen Liter Wasser, hier also erwartete Fischlänge 7 x Fischzahl 6 = 42. Sie brauchen also ein 42-Liter Aquarium – keine Frage, Sie werden sicher noch ein paar Liter zurechnen, denn Sie rechnen doch mit Nachwuchs, oder? Ein 50-Liter Aquarium wäre schon angebracht und außerdem ein Filter, denn Regenbogenfische lieben Strömung!

Ein typisches Artenaquarium für Malawibuntbarsche.

Das Artenaquarium

Manchmal erscheint es sinnvoll und schön, Fische nahe verwandter Arten miteinander in einem Artenaquarium zu halten. In den meisten Fällen ist das jedoch nicht einfach, denn nahe verwandte Arten konkurrieren oft miteinander. Artenaquarien müssen daher groß sein! Es gibt jedoch einige Fischgruppen, die sich gut im Artenaquarium halten lassen und deren spezielle Bedürfnisse man leichter erfüllen kann. Dazu gehören die Regenbogenfische, *Aphyosemion*-Arten und die *Cichliden* aus dem Malawi-See.

EIN ARTENAQUARIUM FÜR MALAWI-BUNTBARSCHE

Die ostafrikanischen Buntbarsche aus dem Malawisee werden oft auch als die „Korallenfische des Süßwassers" bezeichnet. Viele Arten sind ausgesprochen farbenprächtig und als Maulbrüter nicht allzu aggressiv, denn sie errichten nur für kurze Zeit Reviere. Ein Cichlidenbecken mit Malawi-Buntbarschen soll grundsätzlich mit vielen Steinen und Höhlen ausgestattet werden. Bei der Auswahl der Steine kann in diesem Fall auch kalkhaltiges Material gewählt werden, eine Aufhärtung des Wassers ist nicht von Nachteil. Je mehr Steinaufbauten und Höhlen Sie schaffen können, desto besser ist es. Am besten ziehen Sie entlang der Rückwand und entlang einer der Seitenwände eine mit Höhlen und Spalten durchsetzte Steinfassade hoch, die Sie aber durch Kleben mit Silikonkleber stabilisieren sollten. Beim Bau der Höhlen gilt es zu beachten, dass sie untereinander möglichst nicht zu sehr zusammenhängen. Die Fische sind verunsichert, wenn sie aus jeder Richtung Angriffe befürchten müssen.

Ein schön mit Pflanzengruppen und Felsen bestücktes Malawibecken.

TIPP

Eine gute Kombination ist beispielsweise: Blauer Malawisee-Buntbarsch *(Pseudotropheus zebra)*, Gelber Maulbrüter *(Pseudotropheus tropheops)*, Türkisgoldbarsch *(Melanochromis auratus)*, Gestreckter Schabemundmaulbrüter *(Labeotropheus trewawasae)*. Gut eignen sich aber auch die Arten Lombardoi-Maulbrüter *(Pseudotropheus lombardoi)*, Kobaltorangebarsch *(Melanochromis johannii)*, Perle von Likoma *(Melanochromis joanjohnsonae)* und Schwarz-Weißer Maulbrüter *(Melanochromis parallelus)*.

Im Malawisee gibt es außer Algen kaum Pflanzen. Bei der Bepflanzung des Beckens können Sie – wieder einmal – guten Gewissens geographische Gesichtspunkte außer Acht lassen. Auf jeden Fall werden relativ hartblättrige Pflanzen benötigt, damit sie von den Fischen weitgehend verschont werden. Für die Rückwand eignet sich besonders der Javafarn. An weiteren Pflanzen könnten Sie *Cryptocorynen, Vallisnerien, Ceratophyllum* oder Speerblatt *(Anubias)* nehmen.
Die Temperatur stellen Sie auf 25 °C ein. Das Wasser sollte im basischen Bereich liegen (pH 7,5–8,5) und mittelhart bis hart sein (10 bis 20 °GH, eventuell auch härter). Das sind Wasserwerte, die für den Aquarianer meist ganz erfreulich sind, denn bei den meisten fließt Wasser dieser Qualität aus der Wasserleitung.
Wenn Ihr Aquarium durch Steine und eventuell zusätzlich durch Pflanzen gut gegliedert ist, können Sie in ein passend eingerichtetes 200-Liter Aquarium vier Männchen verschiedener Arten einsetzen, dazu jeweils drei Weibchen.

Das Gesellschaftsaquarium

Die Mehrzahl der Aquarianer ziehen Gesellschaftsaquarien vor. Sie gestalten sie mit Pflanzen und Fischen aus aller Welt. Hauptsache ist, dass die so zusammengestellte

Ein Gesellschaftsaquarium mit Südamerikanischen Fischen.

Gesellschaft von ihren Ansprüchen her zusammenpasst. Das bedeutet, dass die Fische durchaus aus verschiedenen Regionen der Welt kommen dürfen. Sie müssen jedoch im Hinblick auf die Wassertemperaturen und die anderen Wasserwerte, im Hinblick auf ihre Größe und Zahl harmonieren.

TIPP

Besatz (100-Liter-Aquarium)

3 Honigfadenfische *(Colisa chuna)*, besser ein Paar
10 Kardinalfische *(Tanichthys albonubes)*
5 Pandapanzerwelse *(Corydoras panda)*
3 Guppies *(Poecilia reticulata)*, ein Weibchen, zwei Männchen

UNPROBLEMATISCHE FISCHE AUS ALLER WELT (100-LITER AQUARIUM)

Suchen Sie für Ihr 100-Liter Aquarium unproblematische Fische, die lebhaft und interessant sind? Ihre Wasserwerte liegen im Bereich zwischen 10–18 GH und bei einem neutralen oder leicht alkalischen pH-Wert? Dann stellen Sie Ihre Temperatur auf 23 bis 24 °C ein.

Vermutlich werden Sie die oben im „Tipp“ empfohlenen Fische nicht immer auf Anhieb bekommen, auch wenn die hier angegebenen

INFO

Gesamthärte-Tabelle

Sehr weiches Wasser	0–4 °dGH
Weiches Wasser	5–8 °dGH
Mittelhartes Wasser	9–12 °dGH
Ziemlich hartes Wasser	13–18 °dGH
Hartes Wasser	19–30 °dGH
Sehr hartes Wasser	über 30 °dGH

nicht ausgefallen sind. Ich gebe daher für jede der Arten Ersatz an. Anstelle der Honigfadenfische eignen sich Spitzschwanzmakropoden *(Parosphromenus-Arten)*, Knurrende Guramis *(Trichopsis-Arten)* oder Zwergfadenfische *(Colisa lalia)*. Als „Ersatz“ für die Kardinalfische könnten kleinbleibende *Brachydanio-* oder *Rasbora*-Arten ausgewählt werden. Die Pandapanzerwelse sind auch durch andere wenig komplizierte *Corydoras*-Arten wie *C. aeneus* oder *C. paleatus* zu ersetzen und anstelle der Guppies würden sich auch Platies eignen.

Auch bei der Bepflanzung können wir praktische und dekorative Gesichtspunkte in den Vordergrund stellen. Gut eignen sich hier pflegeleichte *Vallisnerien, Cryptocoryne affinis*, Indischer Wasserfreund *(Hygrophila polysperma)* und als Solitärpflanze eine Amazonas-Schwertpflanze *(Echinodorus)*.

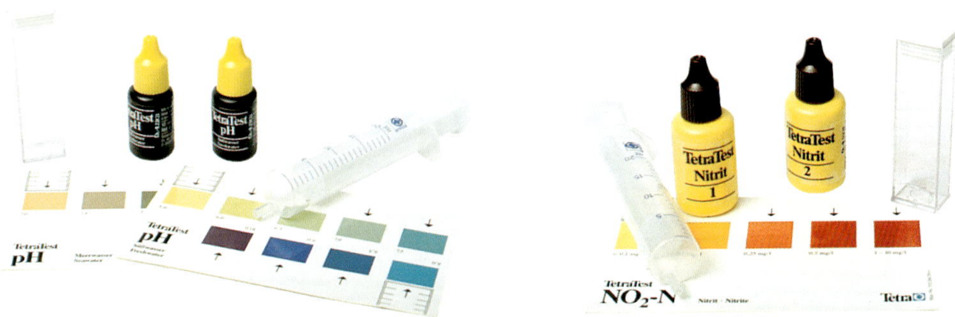

Leicht zu bedienende Reagenzien zur Ermittlung der Wasserwerte.

Gesellschaftsaquarium mit Segelflossern und Salmlern.

TIPP

Besatz (200-Liter-Aquarium)

2 Halbbinden-Rotbrustbuntbarsche *(Laetacara dorsigera)*
10 Rote Neonsalmler *(Paracheirodon axelrodi)*
10 Marmorierte Beilbauchfische *(Carnegiella strigata)*
10 Längsbandziersalmler *(Nannostomus beckfordi)*
6 Pandapanzerwelse *(Corydoras panda)*

AQUARIUM FÜR WEICHWASSER-FISCHE

Hier bieten sich als Alternativen für die Rotbrustbuntbarsche ein Paar Tüpfelbuntbarsche an oder Zwergbuntbarsche aus der Gattung *Apistogramma* wie der Agassiz´ Zwergbuntbarsch oder der Kakadu-Zwergbuntbarsch *(Apistogramma cacatuoides)*. Anstelle der Roten Neon können auch einfache Neon oder Glühlichtsalmler gewählt werden und

Dichten und abwechslungsreichen Pflanzenbewuchs findet man im Naturbiotop selten.

INFO

Berechnung des Aquarien-Inhalts
Wie viel Liter fasst unser Aquarium? Rechnen Sie Länge mal Breite mal Höhe (in cm) und teilen Sie das Ergebnis durch 1000! Beispiel: Ein Becken mit den Maßen 100 x 40 x 50 cm hat ein Fassungsvermögen von 200 Litern.

auch bei den anderen Vorschlägen bieten sich Alternativen aus den jeweiligen Gattungen an. Auch hier können Sie sich gut an den Porträts orientieren und selbst passende Kombinationen erstellen. Als Bepflanzung empfehlen sich hier *Echinodorus*-Arten, die zierlichen Haarnixen *(Cabombas)*, Papageienblatt *(Altheranthera)* und Brasilianisches Tausendblatt (*Myriophyllum aquaticum*).

Das Biotopaquarium

Einige Aquarianer versuchen, einen bestimmten Lebensraum möglichst naturgetreu nachzubilden, beispielsweise einen siamesischen Reissumpf oder ein Amazonasufer. Hierzu werden natürlich strenge Maßstäbe an die Herkunft der Pflanzen und Fische gesetzt. Wer allerdings selbst mal die Tropengewässer vor Ort gesehen hat, ist meistens desillusio-

Am Fundort des gebänderten Kampffisches auf Borneo.

INFO

Wasserhärte
Die meisten Tropenfische bevorzugen weiches Wasser. Ausnahmen sind einige afrikanische Buntbarsche, viele Ährenfische und manche lebend gebärende Zahnkarpfen. Sie ziehen ziemlich hartes bzw. hartes Wasser vor!

niert. Nur wenige Biotope eignen sich als Vorbild für eine Aquarieneinrichtung. Und die gemeinsame Herkunft von Pflanzen und verschiedenen Fischarten ist noch lange keine Garantie dafür, dass die Lebewesen auch auf dem ja doch relativ knappen Raum eines Aquariums harmonisieren.
Ein Beispiel für Fische, die nach dem Gesichtspunkt gemeinsamer Herkunft zusammengestellt wurden, stellte ich bereits beim „Malawisee-Becken" (S. 38) vor.

Auch das als 200-Liter Gesellschaftsaquarium (S. 40) vorgestellte Becken war eigentlich schon ein Biotopaquarium im weitesten Sinne. Alle dort empfohlenen Fische und Pflanzen stammen aus dem südamerikanischen Raum. Dekorieren Sie das Aquarium mit Kienholzwurzeln und Sie haben eine idealtypische Unterwasserlandschaft Amazoniens nachgestaltet.

CHECKLISTE

Empfehlenswerte Pflanzen, die sich besonders für den Erstbesatz eignen

GRUNDSTÄNDIGE PFLANZEN

- Javafarn – braucht wenig Licht, am besten an Wurzel befestigen
- Amazonaspflanzen – dekorativ, brauchen ausreichend Licht. Große Amazonaspflanzen wie die Schwarze Amazonas sind ideale Solitärpflanzen.
- Vallisnerie – sehr genügsam, bildet bald viele Bodenausläufer
- Pfeilkraut *(Sagittaria)* – anspruchslos und vermehrungsfreudig
- Wasserkelch – es gibt sehr viele Arten, darunter sehr schöne und genügsame wie *Cryptocoryne affinis*. Vom Händler beraten lassen!

STÄNGELPFLANZEN

- Ludwigien – an hellen Ort pflanzen!
- Wasserfreunde (*Hygrophila*-Arten) – alle Arten bei ausreichenden Lichtmengen sehr wüchsig.
- Argentinische Wasserpest – robuste Pflanze für mittlere Temperaturen

Eimer und Schlauch – wichtig für den Wasserwechsel.

Ein abwechslungsreich mit Wasserfreund, Lotus, Vallisnerien und anderen Pflanzen eingerichtestes Aquarium.

INFO

Die Bedeutung der pH-Werte

Der stark saure Bereich (pH 0–4) ist für Pflanzen und Tiere tödlich. Für die meisten Organismen gilt das auch für den Bereich zwischen pH 4 und 5,5. Die meisten Pflanzen und Tiere aus den tropischen Regenwäldern sind an einen pH-Wert zwischen 5,5 und 6,5 angepasst. Weitgehend neutrales Wasser zwischen 6,5 und 7,5 ist für die meisten Organismen gut geeignet. An höhere pH-Werte, also an basischeres Wasser, sind nur noch vergleichsweise wenige Tropentiere angepasst. Stark basische Werte zwischen pH 10 und pH 14 sind für fast alle Fische tödlich.

Ein Filter – wichtig für Wasserbewegung und Sauerstoff.

Dekorativ wie nur wenige andere Fische – Segelflosser.

TIPP

Besatz (200-Liter-Aquarium)

6 Schmetterlingsbuntbarsche *(Papiliochromis ramirezi)*, wenn möglich 3 Paare
4 Segelflosser *(Pterophyllum scalare)*, Wild- oder Zuchtformen, wenn möglich 2 Paare
10 Schmucksalmler *(Hyphessobrycon bentosi)*
3 Antennen-Harnischwelse *(Ancistrus spec.)*

SÜDAMERIKABECKEN MIT SEGELFLOSSERN

Können Sie Ihren Fischen Wasser der folgenden Qualität bieten: dGH 5–13°, pH 6,0 bis 7,2 und haben Sie ein Becken von mindestens 200 Litern Fassungsvermögen?
Sorgen Sie für ein oder mehrere Höhlen. Die Welse werden dafür dankbar sein und uns eventuell sogar mit Nachwuchs überraschen. Hoffentlich haben Sie beim Erwerb ein Paar erhalten. Leider ist bei Jungtieren, und als solche bekommen wir sie ja im Normalfall, die Geschlechtszugehörigkeit nicht immer gut zu erkennen. Das gilt auch für die Buntbarsche, speziell für die Segelflosser. Etwas Glück braucht man auch als Aquarianer. Sollten wir keine Paare bekommen haben, ist das aber kein Beinbruch. An erfolgreiche Zucht ist in Aquarien dieses Typs ohnehin nicht zu denken. Und die Tiere sind so ausgewählt, dass Sie als Aquarianer auch keine dauerhaften oder ernsthaften Probleme bekommen werden, wenn das Glück bei der Paarzusammenstellung nicht mitgespielt hat!
Wer es genau nimmt, besetzt dieses Aquarium natürlich mit südamerikanischen Gewächsen: *Echinodorus*-Arten, Haarnixen *(Cabombas)*, Papageienblatt *(Altheranthera)* und Brasilianisches Tausendblatt *(Myriophyllum aquaticum)*.

THEMA

DIE SCHÖNSTEN AQUARIEN-FISCHE IM PORTRAIT

Rotschwanzährenfisch
Bedotia geayi

GRÖSSE Bis 15 cm, Weibchen kleiner.
BESCHREIBUNG Schlanker, seitlich wenig abgeflachter Fisch mit zwei Rückenflossen. Grau bis gelblich mit mehr oder weniger deutlich ausgeprägtem dunklem Längsband, das im Ursprung der abgerundeten Schwanzflosse endet. Unpaare Flossen mit Ausnahme der ersten Rückenflosse kontrastreich bunt.
VORKOMMEN Beheimatet in den Bergbächen auf Madagaskar.
TEMPERATUR 21 bis 25 °C.
PFLEGE Ein friedlicher, schwimmfreudiger Schwarmfisch, der sich aber erst für Aquarien ab 1 m Seitenlänge eignet. Mittelhartes, neutrales Wasser wird bevorzugt, allerdings ist häufigerer Wasserwechsel nötig. Ein Filter sollte für ausreichend Wasserströmung sorgen.
ERNÄHRUNG Als Oberflächenfische nehmen sie vom Boden kaum Nahrung auf. Neben Lebendfutter wird anstandslos auch Flockenfutter gefressen.
ZUCHT Am besten im Daueransatz. Die Eltern laichen zwischen feinen Pflanzen ab und stellen der Brut nicht nach.

Roter Regenbogenfisch
Glossolepis incisus

GRÖSSE Bis 16 cm
BESCHREIBUNG Im Alter hochrückiger Regenbogenfisch, ausgefärbte Männchen lachsrot. Weibchen gestreckter, gelboliv mit goldgelb schimmernden Schuppen.
VORKOMMEN Aus Neuguinea im Bereich des Sentani-Sees.
TEMPERATUR 22 bis 26 °C
PFLEGE ein ausgesprochen friedlicher Schwarmfisch, der seiner Größe entsprechend nur für Becken ab 120 cm Seitenlänge geeignet ist. Liebt mittelhartes bis hartes Wasser ab 16 dGH mit neutralen oder leicht basischen Werten. Strömungsliebend (Filter!). Ausdauernd aber langsam wachsend. Gut zu vergesellschaften mit anderen mittelgroßen, friedlichen Fischen, die entsprechende Wasserwerte bevorzugen. Braucht ausreichend freien Schwimmraum.
ERNÄHRUNG Bevorzugt Lebendfutter, ersatzweise Frostfutter, nimmt gelegentlich auch Futterflocken.
ZUCHT Ziemlich einfach, Dauerlaicher an zarten Pflanzen, z. B. Javamoos. Aufzucht der Brut zunächst mit Infusorien, später Artemien.
ANMERKUNG Entsprechendes zur Haltung gilt auch für andere Regenbogenfische aus Neuguinea.

Boesemans Regenbogenfisch
Melanotaenia boesemani

GRÖSSE Männchen bis 10 cm, Weibchen bleiben etwa 2 cm kleiner
BESCHREIBUNG Zweiteilige Rückenflosse mit kleinerem vorderen Teil. Ausgefärbte, dominante Männchen mit dunkelblauem Vorderteil und leuchtend orangegelber Hinterpartie. Weibchen unscheinbarer, ohne orange.
VORKOMMEN Aus den Ajamaru Seen in Neuguinea (Irian Jaya).
TEMPERATUR 25 bis 28 °C
PFLEGE Lebhafte, sehr friedliche Fische für den oberen Wasserteil. Gut im Gesellschaftsbecken mit Welsen, aber auch mittelgroßen Cichliden oder Barben. Bevorzugt neutrales, mittelhartes Wasser: liebt Wasserströmung (Filter!). Wichtig: Regelmäßiger Teilwasserwechsel. Verlangt viel freien Schwimmraum, aber auch eine dichtere Randbepflanzung. Schwarmfisch, der auf Grund der zu erwartenden Größe nur für Aquarien ab 100 cm Beckenlänge geeignet ist. Mindestens in Trupps zu sechst halten. Ein langlebiger und ausdauernder Fisch, der aber auch lange braucht, um sich schön auszufärben. Anfällig für Geschwüre.
ERNÄHRUNG Lebendfutter, nimmt aber auch Frostfutter und ersatzweise Trockenfutter.
ZUCHT Relativ einfach. Die Altfische laichen frei zwischen Pflanzen, Dauerlaicher.

Zwergregenbogenfisch
Melanotaenia maccullochi

GRÖSSE Bis etwa 7 cm.
BESCHREIBUNG Mit zweigeteilter Rückenflosse; silbrig mit etwa acht bräunlichen Körperlängsstreifen. Flossen mehr oder weniger rötlich. Die schlankeren Männchen sind wesentlich kräftiger gefärbt als die Weibchen.
VORKOMMEN Verbreitet in Süßgewässern im östlichen Australien
TEMPERATUR 20 bis 28 °C
PFLEGE Sehr friedlicher und ausdauernder Fisch, der es liebt, fast ständig in Bewegung zu sein. Braucht daher ausreichend Schwimmraum, aber auch stellenweise eine etwas dichtere Bepflanzung, in die er sich gern zum Ruhen, aber auch zum Ablaichen zurückzieht. Schwarmfisch! Das Wasser sollte mittelhart und neutral oder schwach basisch sein, eine Wasserbewegung (Filter!) ist erwünscht. Als Oberflächenfische gut mit kleineren bodenorientierten Fischen zu vergesellschaften, die entsprechende Wasseransprüche haben, z. B. mit Tanganjika Zwergbuntbarsch oder Tanganjika-Clown.
ERNÄHRUNG Bevorzugt Lebendfutter, nimmt aber anstandslos auch Ersatzfutter.
ZUCHT Sehr einfach. Die an kleinen Fäden hängenden Eier werden zwischen Wasserpflanzen abgelegt. Im Artbecken kommen im Daueransatz immer wieder Junge hoch, selbst wenn man die Eltern nicht herausfängt.

Punktierter Buntbarsch
Etroplus maculatus

GRÖSSE Bis 8 cm
BESCHREIBUNG Eine hochrückige, seitlich ziemlich stark abgeflachte Art mit gerade abgeschnittener Schwanzflosse und einer für Buntbarsche recht flatterigen Schwimmweise. Einige schwarze Flecken und eine Vielzahl kleiner roter Punkte an den Körperseiten. Die Geschlechter sind nur schwer zu unterscheiden.
VORKOMMEN Beheimatet in Vorderindien und Sri Lanka (Ceylon), wo die Tiere gern auch in brackiges Wasser gehen.
TEMPERATUR 22–26 °C
PFLEGE In mittelhartem und härterem Wasser unproblematischer Fisch. In weichem Wasser wäre ein Salzzusatz nötig. Im Allgemeinen pflanzenfreundlich, doch gibt es individuell Ausnahmen. Normalerweise friedlich gegen andere Fische; bei der Revierverteidigung werden Eindringlinge natürlich vertrieben. Unterbringung am besten paarweise.
ERNÄHRUNG Frisst Trocken- und Frostfutter und alle Arten Tümpelfutter, gern auch kleine Regenwürmer.
WEITERES Elternfamilie, Substratlaicher.
ZUCHT Nicht schwer in normal eingerichtetem Zuchtaquarium. Es gibt eine Goldvariante im Handel, der die Schwarzzeichnung der Wildform fehlt. Aber auch die Angehörigen der Wildform zeigen zumindest zeitweilig herrliche Gelbfärbung.

Tanganjika-Clown
Eretmodus cyanostictus

GRÖSSE 8 cm
BESCHREIBUNG Unterständiges, sehr breites Maul und vorwiegend an den Boden gebundene Lebensweise. Die Färbung ausgewachsener Exemplare ist von der Herkunft abhängig. Äußere Geschlechtsunterschiede sind nicht festzustellen. Möglicherweise haben die Männchen etwas längere Bauchflossen.
VORKOMMEN Die Art kommt nur im ostafrikanischen Tanganjikasee vor, wo sie in der brandungsreichen, ufernahen Geröllzone ein bodengebundenes Leben führt.
TEMPERATUR 24–26 °C
PFLEGE Bei richtiger Haltung dankbare Pfleglinge. Einrichtung mit Steinaufbauten! Voraussetzung für die erfolgreiche Haltung ist jedoch sauberes, sauerstoffreiches Wasser (Filter und gegebenenfalls noch Durchlüftung!), dessen pH-Wert nicht in saure Bereiche absacken darf. Bevorzugt mittelhartes Wasser. Friedlich gegen ihresgleichen und andere Fische.
ERNÄHRUNG Unproblematisch, da *Eretmodus cyanostictus* im Aquarium willig die üblichen Lebend- und Kunstfuttersorten annimmt.
ANMERKUNG Die erfolgreiche Vermehrung ist nicht einfach und gelingt nur bei optimalen Bedingungen (Maulbrüter). Gelegentlich als Gestreifter Grundelbuntbarsch oder Grundbuntbarsch bezeichnet.

Tanganjika-Zwergbuntbarsch
Julidochromis ornatus

GRÖSSE Bis 9,5cm
BESCHREIBUNG Auf gelbem Grund mit zwei parallelen Körperlängsstreifen ausgestattet, begleitet von noch einem dritten Parallelstreifen am Ansatz der Rückenflosse. Der untere Körperlängsstreifen endet meist kurz vor dem Beginn der Schwanzflosse. Die Weibchen sind meist größer.
VORKOMMEN Stammt aus Felsgebieten des Tanganjikasees.
TEMPERATUR 22–26 °C
PFLEGE Nicht unproblematisch, da oft speziell gegen Artgenossen und andere *Julidochromis*-Arten aggressiv. Ein *Julidochromis*becken sollte eine vielfältig gestaltete Felslandschaft mit vielen Spalten und ganzen Höhlensystemen aufweisen. Dann kann man jahrelang viel Freude an den Tieren, ihrem Nachwuchs und ihrem dann sehr friedfertigen Verhalten haben. Allerdings sollte man sich hüten, an einem einmal eingerichteten Becken Umbauten an der Einrichtung vorzunehmen. Dann können sich selbst gut eingespielte Paare hoffnungslos zerstreiten. Wasser mittel bis hart und leicht basisch.
ERNÄHRUNG Nehmen Kunstfutter, brauchen aber gelegentlich Frost- oder Lebendfutter.
ZUCHT Höhlenbrüter, Elternfamilie. Das Gelege wird vorzugsweise in Gesteinsspalten oder unter dem Dach einer Kunsthöhle angelegt und besteht aus 20 bis 50 Eiern. Im richtig eingerichteten Artbecken einfach.

Schneckenbuntbarsch
Neolamprologus brevis

GRÖSSE Bis zu 5,5cm, die Weibchen bleiben 2 cm kleiner
BESCHREIBUNG Ein klein bleibender, aber großköpfiger Buntbarsch mit deutlich zu erkennendem Kiemendeckelfleck, blauem Unteraugenstreifen und runden Schwanzflossen. Auf ockerfarbenem Grund acht bis zwölf unregelmäßige, hellblaue Querstreifen. Geschlechtsunterschiede: Die Männchen werden größer und haben spitzer ausgezogene Rückenflossen.
VORKOMMEN Ostafrika, Tanganjikasee in 5–55 m Tiefe.
TEMPERATUR 23–26 °C
PFLEGE Ein pflanzenfreundlicher Zwergbuntbarsch, der aber pflanzenfreie Sandflächen braucht. Die Sandschicht sollte 5 bis 6 cm hoch sein, denn die Schneckenbarsche vergraben ihr Schneckenhaus im Sand, so dass nur noch die Öffnung herausschaut und benutzen es als Zuflucht und als Laichhöhle. In einem sinnvoll eingerichteten 100-Liter-Aquarium mit mehreren Schneckenhäusern kann man gut 3 Paare unterbringen. Das Wasser sollte mittelhart oder hart sein, der Säuregrad zwischen 7,5 und 8,5.
ERNÄHRUNG Sie fressen auch Trockenfutter, sollten aber gelegentlich Lebendfutter bekommen.
ANMERKUNG Es gibt einige weitere kleine Schneckenbarsche die entsprechend gehalten werden sollten. Sie sind allesamt sehr empfehlenswerte Aquarienfische.

Tanganjika-Goldcichlide
Neolamprologus leleupi

GRÖSSE 9–10 cm
BESCHREIBUNG Eine trotz des lang gestreckten Baues kräftig wirkende Cichliden-Art. Die Männchen werden etwas größer und haben etwas verlängerte Bauch-, Rücken- und Afterflossen. Sie können im Alter einen leichten Stirnbuckel bekommen.
VORKOMMEN Häufiger Buntbarsch im Felsenbereich der Küste des Tanganjikasees ab 3 m Tiefe. Soll sich im Freiwasser hauptsächlich von kleinen Krebstieren, aber auch von Schnecken ernähren.
TEMPERATUR 24–26 °C
PFLEGE Unproblematischer Fisch, der sich auch mit größeren Arten aus dem Tanganjikasee vergesellschaften lässt. Man sollte für ausreichend Felsgebiete mit genügend großen Gesteinsspalten sorgen, in denen die Fische Zuflucht finden können. In Aquarien unter 100 Liter Fassungsvermögen nur paarweise Haltung sinnvoll. Artgenossen, die längere Zeit friedlich miteinander lebten, können sich unter Umständen plötzlich heftig bekämpfen. Wasserwerte: mittelhart, schwach alkalisch.
ERNÄHRUNG Keine besonderen Futteransprüche, braucht neben Flockenfutter gelegentlich auch Frostfutter.
ZUCHT Höhlenbrüter. Die bis zu 100 tarnfarbenen Eier werden an Höhlenwänden oder unter der Decke abgesetzt.

Feenbarsch
Neolamprologus brichardi

GRÖSSE Männchen bis 10 cm, Weibchen bleiben etwas kleiner
BESCHREIBUNG Mit verlängerten Rücken-, After- und Bauchflossen. Schwanzflosse mit oberen und unteren Spitzen, Flossen in leuchtendem Blauweiß gerandet. Grundfarbe matt hellbraun ohne weitere Zeichnung, kräftiger Kiemendeckelfleck. Lang ausgezogene Flossen.
VORKOMMEN Afrika, felsige Küsten des Tanganjikasees.
TEMPERATUR 23–26 °C
PFLEGE Die Feenbarsche brauchen alkalisches, mittelhartes Wasser und Steinaufbauten mit vielen Höhlen und Versteckmöglichkeiten; in größeren Aquarien sind sie auch zu mehreren zu vergesellschaften. Elegante, graziöse Schwimmer, die recht lebhaft sind. Bei der Revierverteidigung in vergleichsweise kleinen Aquarien unter Umständen aggressiv, im Allgemeinen jedoch friedfertig. Absolut pflanzenfreundlich.
ERNÄHRUNG Keine besonderen Futteransprüche; sollten jedoch hin und wieder Frostfutter bekommen.
ZUCHT Versteckbrüter, die bei der Vermehrung wenig Probleme bereiten. Das Wasser sollte mäßig alkalisch sein und Härtegrade zwischen 12 und 18° dGH aufweisen. Mit knapp 6 cm Gesamtlänge werden die Feenbarsche geschlechtsreif. Das Gelege umfasst etwa 200 Eier. Nach acht bis neun Tagen schwimmen die Jungen frei.

Türkisgoldbarsch
Melanochromis auratus

GRÖSSE Männchen 11 cm, Weibchen bis 9 cm.
BESCHREIBUNG Relativ langgestreckte Cichliden mit ausgeprägten Geschlechtsunterschieden: die Männchen sind am Köper fast durchgehend schwarz und haben zwei hellblaue Längsstreifen. Die Weibchen und die Jungtiere haben eine gelbliche Grundfärbung mit schwarzen Längsstreifen.
VORKOMMEN Afrika, endemisch im südlichen Teil des Malawi-See im Bereich der felsigen Uferzone.
TEMPERATUR 22–26 °C
PFLEGE Hartes oder mittelhartes Wasser mit alkalischen pH-Werten von 7,5 bis 9. Einrichtung des Beckens mit Steinaufbauten und robusten Pflanzen wie auf ◎ S. 37 beschrieben.Da die Männchen untereinander , aggressiv sind, nur ein Männchen mit zwei bis drei Weibchen nehmen. Am besten hält man Türkisgoldbarsche zusammen mit anderen maulbrütenden Cichliden aus dem Malawisee. Vergesellschaftungsvorschlag auf S. 38
ERNÄHRUNG Flockenfutter, Frostfutter, Lebendfutter, gern auch pflanzliche Beikost.
ZUCHT Die Weibchen sind Maulbrüter. In zweckmäßig eingerichteten Malawibecken kommen die Kleinen meist ohne Hilfe durch.

Blauer Malawisee-Buntbarsch
Pseudotropheus zebra

GRÖSSE Bis 12 cm
BESCHREIBUNG Die Art tritt in verschiedenen Farbvarianten auf, bei einigen Formen kommen gescheckte oder einfarbige Morphen vor, die Weibchen können orangegelb aussehen. Im typischen Fall sind die Buntbarsche zebraartig auf hellblauem Grund dunkel quergestreift. Die Männchen haben am Hinterrand der Afterflosse stark entwickelte „Eiflecken“.
VORKOMMEN Afrika, endemisch im Malawi-See, wo sie sich zahlreich im Bereich der felsigen Küste aufhalten.
TEMPERATUR 22–28 °C
PFLEGE Die Fische brauchen ihrer Herkunft gemäß hartes oder mittelhartes Wasser mit alkalischen pH-Werten von 7,5 bis 9. Einrichtung des Beckens mit Steinaufbauten und robusten Pflanzen wie auf ◎ S. 37. beschrieben. Für ein Malawi-Aquarium sollte man mindestens 200 Liter vorsehen. Da die Männchen untereinander recht aggressiv sind, empfiehlt sich pro Art nur ein Männchen mit zwei bis drei Weibchen. Vergesellschaftungsvorschlag auf ◎ S. 38.
ERNÄHRUNG Flockenfutter, Frostfutter, Lebendfutter, gern auch pflanzliche Beikost wie Salat und Wasserlinsen.
ZUCHT Die Weibchen sind Maulbrüter. Je größer das Aquarium, desto eher gelingt die Zucht, richtige Wasserwerte und abwechslungsreiche Nahrung vorausgesetzt. In ideal eingerichteten Becken mit vielen Gesteinsspalten können die Kleinen im Aquarium groß werden.

Blauer Kongocichlide
Nanochromis parilus

GRÖSSE Bis zu 7 cm
BESCHREIBUNG Relativ kleinköpfige, sehr langgestreckte Art, die durch ihre bläulich oder violett glänzende Gesamtfärbung ohne jede weitere Zeichnung unverkennbar ist. Lediglich mit *N. nudiceps* könnte es zu Verwechslungen kommen, doch ist die Unterscheidung leicht: *N. parilius* hat in beiden Geschlechtern im unteren Teil der Schwanzflosse keine Zeichnung, während sowohl Männchen als auch Weibchen bei *nudiceps* eine auffallende Querbänderung in der unteren Schwanzflossenhälfte haben. Geschlechtsunterschiede: Die Weibchen haben zur Laichzeit ausgesprochen stark angeschwollene Bäuche mit oft violettroter Tönung. Auch schon lange vor dem Ablaichen ist die stumpfe, weißgefärbte Laichpapille des Weibchens unschwer zu erkennen. **VORKOMMEN** Stromschnellen des unteren Zaire (Kongo) zwischen Wombe und Inga.
TEMPERATUR 22–26 °C
PFLEGE Weiches bis mittelhartes Wasser, Säuregrad zwischen 6,0 und 6,8. Wasserbewegung (Filter!) ist wichtig, nötig sind auch mehrere Höhlen, aus denen die Alttiere Bodenmaterial herausschaffen können. Nicht immer vertragen sich die Fische mit Artgenossen, am besten ist paarweise Unterbringung. Gegen andere Mitfische meist harmlos.
ERNÄHRUNG Nehmen nach Eingewöhnung Trockenfutter, gern aber Frostfutter und Lebendfutter.

Afrikanischer Schmetterlingsbuntbarsch
Anomalochromis thomasi

GRÖSSE Männchen bis 10 cm, Weibchen bis 7 cm.
BESCHREIBUNG Ähnelt in seiner etwas gedrungenen Körperform und in der Färbung (blauglänzende Schuppen sowie ein dunkler Fleck in der Körpermitte) dem jedoch nicht näher verwandten südamerikanischen Schmetterlingsbuntbarsch *(Papiliochromis ramirezi)*. Geschlechtsunterschiede: Die Geschlechter sind mit Sicherheit erst bei der Paarbildung zu unterscheiden. Die Weibchen sind meist etwas gedrungener und oft am Laichansatz zu erkennen.
VORKOMMEN Aus flachen, oft stark besonnten Tümpeln und Stillwasserzonen der Flüsse in den westafrikanischen Staaten Sierra Leone, Guinea und Liberia.
TEMPERATUR 23–27 °C
PFLEGE Genügsame Art, die ausgezeichnet in weichem und in mittelhartem Wasser im Gesellschaftsaquarium zu halten ist. Bevorzugt weiche bis neutrale Wasserwerte. Fortpflanzungsgestimmte Männchen können sich allerdings heftig bekämpfen. Gegen andere Fische friedlich, Pflanzen werden toleriert.
ERNÄHRUNG Auch im Hinblick auf das Futter gibt es keinerlei Probleme.
ZUCHT Offenbrüter, Elternfamilie. Nach reichlich Lebendfuttergaben nicht schwer.

Königscichlide, Purpur-Prachtbarsch
Pelvicachromis pulcher

GRÖSSE Männchen bis 10 cm, Weibchen bleiben mit etwa 7 cm kleiner
BESCHREIBUNG Relativ schlank gebauter Zwergbuntbarsch, von dem es eine Fülle verschiedener Farbformen gibt. Typisch sind zwei Körperlängsstreifen, von denen einer in der Körpermitte, der andere im Rückenbereich liegt. Die gedrungener gebauten Weibchen sind während der Fortpflanzungszeit deutlich farbiger als die Männchen. Ihr durch den Laichansatz angeschwollener Leib kann knallrot gefärbt sein, die Kehlregion leuchtend gelb.
VORKOMMEN Westafrika, im Unterlauf der Flüsse Niger und Kribi, wo sie selbst bis in die Brackwasserzonen vordringen.
TEMPERATUR 23–27 °C
PFLEGE Im Hinblick auf Wasserwerte unempfindlich. Königscichliden sind im Gesellschaftsaquarium gegen artfremde Fische recht verträglich; am besten ist paarweise Haltung. Erst wenn die Alttiere ihren Nachwuchs verteidigen, werden sie aggressiv, doch besteht in nicht zu kleinen Aquarien dann keine Gefahr für die anderen Bewohner. Eine geräumige Bruthöhle ist wichtig; ebenso eine ausreichend dichte Bepflanzung.
ERNÄHRUNG Keine besonderen Ansprüche an das Futter. Nimmt anstandslos Flockenfutter.
ZUCHT Höhlenbrüter, Vater-Mutter-Familie. Sehr leicht, daher auch Anfängern zu empfehlen.

Tüpfelbuntbarsch
Laetacara curviceps

GRÖSSE Männchen bis 10 cm.
BESCHREIBUNG Eine in der Färbung sehr variable Art; grundsätzlich aber farblich sehr ansprechend. Ein dunkles Band zieht vom Augenhinterrand gerade nach hinten und endet – ganz nach der Stimmung des Tieres – in der Körpermitte oder in der Schwanzwurzel. Körperbau gedrungen, rundköpfig mit kleiner Maulspalte. Die in der Kopfspalte angegebenen Größenangaben werden im Aquarium nur selten erreicht. Geschlechtsunterschiede: Die Männchen werden deutlich größer und haben als Alttiere deutlich länger ausgezogene Rücken- und Afterflossen.
VORKOMMEN Tüpfelbuntbarsche stammen aus dem Amazonasgebiet. Sie leben vorwiegend an strömungsarmen Ufern und Buchten.
TEMPERATUR 23–26 °C
PFLEGE Die Ansprüche an die Wasserhärte sind nicht sonderlich hoch; allerdings kränkelt die Art in belastetem Wasser recht schnell. Regelmäßiger Wasserwechsel ist nötig! Liebt gut bepflanzte, nicht zu helle Aquarien, die einen Wurzelunterstand und einige flache Steine haben sollten. Für ein Paar genügt schon ein kleines 60-Liter-Becken.
ERNÄHRUNG Nimmt Trocken- und Lebendfutter jeder Art.
ZUCHT Paarweiser Ansatz in weichem, leicht sauren Wasser. Elternfamilie, laicht bevorzugt auf Steinen.

Halbbinden-Rotbrustbuntbarsch
Laetacara dorsigera

GRÖSSE Männchen 8 cm, Weibchen bis 5,5 cm.
BESCHREIBUNG Körperform oval, kleines Maul. Vom Augenhinterrand bis zur Körpermitte ein dunkles Längsband, das dort meist in einem Fleck endet. Im Verkaufsbecken der Händler wenig attraktiv, aber zur Fortpflanzungszeit muss man ihn, wegen seiner dann wunderschön rot gefärbten Kehl- und Brustpartie, zu den schönsten Zwergcichliden zählen! Männchen meist mit schwarzem, goldfarbig gesäumtem Fleck in der Mitte der Rückenflosse.
VORKOMMEN Sumpfgebiete am Paraguay
TEMPERATUR 22–26 °C
PFLEGE Ein ausgesprochen friedlicher Buntbarsch, der keine besonderen Ansprüche an das Wasser und das Futter stellt. Wasserhärte bis 20° dGH, besser ist aber weicheres Wasser. Für ein Paar reichen schon Aquarien ab 60 cm Seitenlänge. Ausgezeichnet für mittelgroße Gesellschaftsaquarien geeignet. Sandboden, dazu einige glatte Steine; eine dichte Randbepflanzung und Wurzelunterstände sollten nicht fehlen. Pflanzenfreundlich.
ERNÄHRUNG Dankbar für gelegentliches Lebendfutter, sonst Flockenfutter.
ZUCHT Elternfamilie. Mit Lebendfutter anfüttern. Die Weibchen legen bis zu 500 Eier (normalerweise etwa 200) bevorzugt auf der Oberseite glatter Kiesel ab.

Agassiz' Zwergbuntbarsch
Apistogramma agassizii

GRÖSSE Männchen bis 10 cm, Weibchen bis 6 cm
BESCHREIBUNG Lang gestreckter Zwergbuntbarsch mit in beiden Geschlechtern niedriger Rückenflosse. Die Männchen sind durch ihre spatenförmige, bunt gezeichnete Schwanzflosse ausgezeichnet. Von dieser Art sind verschiedene Farbvarianten bekannt, die nach der Farbgebung der männlichen Schwanzflosse bezeichnet sind: die blauweiße Form aus der Umgebung von Manaus, die gelbe Variante aus Peru, die rote Form (vermutlich auch aus Peru) und die goldene Form.
VORKOMMEN Peru, Brasilien, überall im Bereich des Amazonas.
TEMPERATUR 23–27 °C
PFLEGE Braucht leicht saueres, nicht zu hartes Wasser (auf Dauer nicht über 12° dGH). Gut bepflanzte Becken mit sandigem Bodengrund, Wurzelunterständen und mehreren Höhlen. Ausgezeichnet mit Salmlern und Panzerwelsen zu vergesellschaften. In einem 100-Liter-Aquarium nur ein Männchen, dazu ein bis drei Weibchen.
ERNÄHRUNG Nimmt Trockenfutter; braucht jedoch auch hin und wieder Lebendfutter oder zumindest Frostfutter.
ZUCHT Auch im Gesellschaftsaquarium möglich. Höhlenbrüter, Mutterfamilie.

Gelber Zwergbuntbarsch
Apistogramma borellii

GRÖSSE Männchen bis 6 cm, Weibchen 3,5 cm
BESCHREIBUNG Eine relativ gedrungene Art mit einem zickzackartig verlaufenden Körperlängsband. Die Männchen besitzen auffallend großflächige Flossen. Besonders eindrucksvoll ist ihre segelartig große Rückenflosse. Außerdem zeigen sie einen prächtigen Blauglanz, der sich auf große Teile des Körpers erstreckt.
VORKOMMEN Südbrasilien, Paraguay, Nordargentinien im Flussgebiet des Rio Paraguay und des Parana.
TEMPERATUR 23–28 °C
PFLEGE Ein pflegeleichter *Apistogramma* der zwar weiches, leicht saures Wasser vorzieht, aber auch mit weniger optimalen Wasserbedingungen zurechtkommt. Friedlich, auch gegen seinesgleichen. Liebt dicht bepflanzte Aquarien und braucht Höhlenunterschlüpfe. Paarweise Unterbringung, ideal für Gesellschaftsaquarien mit Panzerwelsen und Salmlern; ein gut bepflanztes und gegliedertes 100-Liter-Aquarium kann auch zwei Paare beherbergen.
ERNÄHRUNG Nimmt Trockenfutter, ist jedoch für gelegentliche Lebendfuttergaben dankbar.
ZUCHT Einfacher als bei den meisten anderen Apistogramma-Arten. Höhlenbrüter, Mutterfamilie.

Kakadu-Zwergbuntbarsch
Apistogramma cacatuoides

GRÖSSE Männchen bis 9 cm, Weibchen 5 cm.
BESCHREIBUNG Unterhalb des dunklen Körperlängsstreifens sind meist zwei bis drei schwächere Parallelstreifen zu erkennen. Sie sind auch für die Weibchen typisch. Männchen mit wulstigen Lippen, einer zweizipfeligen Schwanzflosse und einer imposanten, kakaduhaubenartigen (Name!) Rückenflosse. Sie entsteht durch zipfelartige Verlängerungen der vorderen Flossenhäute. Im oberen Teil der Schwanzflosse oft dunkel gerahmte orangefarbene Flecken.
VORKOMMEN Beheimatet in pflanzenreichen Zonen im Bereich des Rio Ucayali in Ostperu.
TEMPERATUR 23–28 °C
PFLEGE Eine absolut friedliche und genügsame Art, die man sowohl in weichem wie auch in mittelhartem Wasser halten kann. Auch der Säuregrad ist relativ unwichtig. Zur Einrichtung: feiner Bodengrund mit Wurzelunterständen und Höhlen, stellenweise dichte Bepflanzung. Als Mitbewohner eignen sich neben vielen südamerikanischen Salmlern und Lebendgebärenden auch Panzer- und Bratpfannenwelse (S. 14).
ERNÄHRUNG Frisst Trockenfutter, gedeiht aber wie alle *Apistogramma*-Arten bei Tümpelfutter besser.

Flaggenbuntbarsch
Mesonauta festivus

GRÖSSE Bis 15 cm
BESCHREIBUNG Keilförmig gebauter Buntbarsch mit durchgehendem oder zeitweilig unterbrochenem dunklen Schrägstreifen vom Augenhinterrand zum zugespitzten Ende der Rückenflosse. Undeutliche Querbänderung und ein kräftiger Augenfleck in der oberen Hälfte der Schwanzwurzel.
VORKOMMEN Stammt aus ruhigen oder langsam fließenden Gebieten des Amazonas-Bereiches. Nahe verwandte Arten sind in Kolumbien und im Orinoco-Gebiet zu Hause.
TEMPERATUR 23–25 °C
PFLEGE Trotz seiner Größe ein vergleichsweise sehr ruhiger und friedlicher Fisch, manchmal auch scheu und schreckhaft. Natürlich sollte man ihn nicht mit zu kleinen Mitbewohnern *(Neons)* vergesellschaften, die er als Nahrung ansehen könnte. Liebt stellenweise dichte Bepflanzung *(Echinodorus)* und Holz. Gut mit Pterophyllum zu halten – Unterbringung am besten im 200-Liter-Aquarium oder größer. Die Fische vertragen auch mittlere Härtegrade, sind aber empfindlich gegen Chemikalien und Nitrit. Häufigerer Wasserwechsel, nicht zu starke Strömung.
ERNÄHRUNG Trocken- und Frostfutter, gern auch kleine Regenwürmer.

Gabelschwanz-Schachbrettcichlide
Dicrossus filamentosus

GRÖSSE Männchen bis 9 cm, Weibchen bis 6 cm.
BESCHREIBUNG Schlanker Fisch mit stumpfer Schnauze. Am Rücken eine Längsreihe von sieben mehr oder weniger schwarzen, quadratischen Flecken, an der Seite auf Lücke stehend weitere sechs Flecken, die zusammen ein Schachbrettmuster ergeben. Geschlechtsunterschiede: Die größeren Männchen haben eine in zwei schmale Zipfel weit ausgezogene Schwanzflosse.
VORKOMMEN Stammt aus pflanzenreichen Bächen im Einzugsgebiet des Rio Negro und des Orinoco
TEMPERATUR 24–27 °C
PFLEGE Schachbrettcichliden sind im Hinblick auf die Wasserverhältnisse empfindliche und etwas heikle Fische. In der ersten Zeit sollte man Wildfänge in weichem, saurem Wasser halten. Eingewöhnte Tiere machen jedoch auch bei mittleren Härtegrade und neutralen Säuregraden keine Schwierigkeiten. Sie erweisen sich anderen Arten gegenüber als absolut friedlich. Im Artbecken können sie gelegentlich recht furchtsam sein, dann sollte man ihnen einige Salmler oder Lebendgebärende als Beifische zugesellen. Schachbrettcichliden lieben ruhige, gut bepflanzte Becken, die nicht zu hell sind!
ERNÄHRUNG Frostfutter, möglichst auch Lebendfutter.

Glänzender Zwergbuntbarsch
Nannacara anomala

GRÖSSE Männchen erreichen bis 9 cm, Weibchen bis 5 cm Gesamtlänge
BESCHREIBUNG Eine recht untersetzte Art mit stumpfer Schnauze und normal entwickelten Flossen.
Geschlechtsunterschiede: Die Schuppen ihrer Körperseiten sind bei ausgefärbten Männchen sehr schön grün gerandet; in ihrem Zentrum bleibt jede Schuppe dunkel. Die Bauch-, Rücken- und Afterflossen sind im Vergleich zum Weibchen deutlich verlängert.
VORKOMMEN Nordöstliches Südamerika, aus den Guayana-Ländern.
TEMPERATUR 23–26 °C
PFLEGE Eine absolut pflegeleichte Art, die sich ausgezeichnet für das gut bepflanzte und nicht überbevölkerte Gesellschaftsaquarium eignet und sich dort gegen nicht zu große Beifische auch recht gut durchsetzen kann. Dennoch friedfertig. Im 100-Liter-Aquarium empfiehlt sich paarweise Unterbringung. Das Wasser sollte weich bis mittelhart sein und neutral oder schwach sauer sein.
ERNÄHRUNG Eingewöhnte Tiere fressen willig Trockenfutter, sollten aber doch gelegentlich Lebendfutter bekommen.
ZUCHT Im Zuchtaquarium ohne weitere Beifische relativ einfach. Substratlaicher, Mutterfamilie – nur gelegentlich mit Beteiligung des Vaters.

Schmetterlingsbuntbarsch
Papiliochromis ramirezi

GRÖSSE Bis 7 cm, meistens kleiner bleibend
BESCHREIBUNG Gedrungener, lebhafter Fisch mit unverkennbarem Äußerem. Körper mit Blauglanz und mit typischem schwarzem Fleck in der Körpermitte. Die Augen teilweise kräftig rotleuchtend. Neben wildfarbenen Tieren, die in verschiedenen Farbvarianten auftreten können und meist aus südostasiatischen Züchtereien kommen, werden auch gelbe Zuchtformen angeboten. Geschlechtsunterschiede: Die Weibchen sind in der Regel gedrungener gebaut. Gewöhnlich fehlen ihnen die bei älteren Männchen stark verlängerten Rückenflossenhäute. Die Bauchflossen der Männchen sind meist länger. Die Weibchen zeigen, vor allem wenn sie in Laichstimmung kommen, eine auffallend rot gefärbte Bauchpartie
VORKOMMEN Aus den Grasländern in Venezuela und Kolumbien im Einzugsbereich des Orinoco.
TEMPERATUR 25 – 30 °C
PFLEGE Absolut harmlose und pflanzenfreundliche Art. In größeren Aquarien kann man ohne weiteres mehrere Paare unterbringen. Recht empfindlich gegen zu hohe Nitritwerte, daher regelmäßiger Wasserwechsel! Auch bei guten Pflegeverhältnissen nur relativ kurze Lebensdauer.
ERNÄHRUNG Normales Zierfischfutter. Gelegentliche Lebendfuttergaben sind nicht nötig, steigern aber deutlich das Wohlbefinden.
ZUCHT Offenbrüter mit Elternfamilie.

Segelflosser, Skalar
Pterophyllum scalare

GRÖSSE Gesamtlänge und Höhe bis ca. 15 cm
BESCHREIBUNG Eindrucksvolle Erscheinung durch die mächtigen Rücken- und Afterflossen. Fadenartig lang ausgezogene Bauchflossen. Die Männchen sind in der Regel größer.
VORKOMMEN In ruhigen Bereichen des Amazonas und seinen Nebenflüssen.
TEMPERATUR 24–29 °C
PFLEGE Absolut friedfertige, pflanzenfreundliche Fische, die zu lebhafte Mitfische jedoch nicht mögen (Barben!). Gut dagegen mit Flaggen- und Zwergbuntbarschen, Panzerwelsen und nicht zu kleinen Salmlern zu vergesellschaften. Aber Vorsicht: Zu kleine Fische (Guppy-Männchen, kleine Neons) werden von großen Skalaren als Beute angesehen und gefressen! Die Ansprüche an die Wasserwerte sind gering, wenngleich weiches und leicht saures Wasser vorgezogen wird. Nur geringe Strömung! Anfällig gegen Hexamita. Für erwachsene Skalare sind nur größere Aquarien ab 200 Litern sinnvoll.
ERNÄHRUNG Skalare nehmen jedes Futter, brauchen für eine gute Entwicklung jedoch zumindest hin und wieder Frostfutter oder Lebendfutter.
ANMERKUNG Es gibt eine Vielzahl von Zuchtformen – marmorierte Tiere, halb und vollkommen schwarze Skalare, gelbliche und orangefarben gesprenkelte sowie schleierflossige Tiere.

Hoher Segelflosser
Pterophyllum altum

GRÖSSE Bis 18 cm lang
BESCHREIBUNG Ähnelt dem „gewöhnlichen“ Segelflosser, ist aber noch höher gebaut und zeichnet sich durch ein sattelartig eingedrücktes Stirnprofil aus. Typisch sind rötliche Flecken im Nacken- und Rückenbereich.
VORKOMMEN Aus dem Bereich des oberen Rio Negro und des Orinoko
TEMPERATUR 28–30 °C
PFLEGE Im Gegensatz zum *Pterophyllum scalare* sind die meisten *Pt. altum* Wildfänge, die höhere Ansprüche an die Wasserwerte brauchen. Sie verlangen möglichst weiches, saures Wasser mit geringer Strömung. Die weiteren Ansprüche gleichen *Pterophyllum scalare*. Zur Gesundheit: anfällig gegen Hexamita und Ichthyosporidium. Auch hier ist die Haltung erst in Aquarien ab 200 Litern sinnvoll.
ERNÄHRUNG Nimmt nach kurzer Eingewöhnung auch die gängigen Flockenfuttersorten. Regelmäßige Lebendfuttergaben oder Frostfutter sollten jedoch nicht fehlen.
ZUCHT Gelingt, anders als beim leicht zu züchtenden Pterophyllum scalare, nur unter sehr guten Pflegebedingungen und mit etwas Glück.

Diskusbuntbarsch
Symphysodon aequifasciatus

GRÖSSE Bis 17 cm
BESCHREIBUNG sehr eindrucksvoll durch ihre scheibenförmige Gestalt und die prächtige Färbung. Es gibt verschiedene Farbformen – den Grünen, den Braunen und den Blauen Diskus. Allen gemeinsam sind die hellblauen Schnörkellinien im Kopfbereich und die neun dunklen Querstreifen, die zwar nicht immer deutlich hervortreten, die aber im Gegensatz zum „Echten Diskus" *(Symphysodon discus)* alle mehr oder weniger gleich ausgeprägt sind.
VORKOMMEN Amazonasgebiet.
TEMPERATUR 26–30 °C
PFLEGE Ruhiges Aquarium mit Unterstellmöglichkeiten unter Wurzeln. Weiches, leicht saures Wasser, das oft erneuert werden sollte. Ein Diskusbecken sollte nicht unter 200 Liter fassen. Als Gesellschafter ruhige Fische mit denselben Wasseransprüchen (z. B. Schachbrettcichliden, Störwelse).
ERNÄHRUNG Ausgesuchtes Lebendfutter (keine Tubifex, keine roten Mückenlarven), gefriergetrocknetes Futter, Frostfutter (Shrimps, Garnelen), fein in Streifen geschnittenes Rinderherz.
ZUCHT Gelingt nur unter optimalen Wasser- und Ernährungsverhältnissen: Elternfamilie, die Jungen fressen in den ersten Tagen ein von den Eltern ausgeschiedenes Hautsekret („Säugefische").

Echter Diskusfisch, Heckel-Diskus
Symphysodon discus

GRÖSSE Knapp 20 cm
BESCHREIBUNG Ähnelt in seiner scheibenförmigen Gestalt und in seinem ganzen Verhalten sehr dem. Diskusbuntbarsch *(Symphysodon aequifasciatus)*. Entscheidender Unterschied ist die Ausprägung der dunklen Körperquerstreifen. Beim echten Diskus ist der 5. Streifen, der in etwa in der Körpermitte liegt, besonders ausgeprägt, ebenso auch der durch das Auge gehende erste Streifen. Ansonsten kann die Färbung recht unterschiedlich sein.
VORKOMMEN Beheimatet im Bereich des unteren Rio Negro und seiner Nebenflüsse.
TEMPERATUR etwa 27 bis 29 °C
PFLEGE Hohes Aquarium nicht unter 200 Liter Fassungsvermögen. Der Herkunft entsprechend möglichst mineralarmes, weiches Wasser im sauren Bereich. Häufigerer Teilwasserwechsel, da empfindlich gegen Nitrit. Sehr ruhiger und Ruhe liebender Fisch, daher Zurückhaltung bei der Auswahl der Beifische. Ideal: ein Artaquarium. Anfällig gegen Hexamita-Befall.
ERNÄHRUNG Ausgesuchtes Lebendfutter (keine Tubifex, keine roten Mückenlarven), Frostfutter (Shrimps, Garnelen), fein in Streifen geschnittenes Rinderherz.
ZUCHT Wie bei *Symphysodon aequifasciatus.*

Brabantbuntbarsch
Tropheus moorii

GRÖSSE Bis 15 cm
BESCHREIBUNG Kommt in einer Vielzahl geographischer Varianten vor, die entsprechend ihrer Farbmerkmale bezeichnet werden: Gelbbauchmoori, Zitronenmoori, Querstreifenmoori, Regenbogenmoori u.a. Die Grundform ist schwarzgrau und besitzt am Rücken einen auffallenden weißlich-gelben Dreieck-Fleck. Die direkt daran anschließende Rückenflossenpartie ist orangerot.
VORKOMMEN Afrika, an der Felsküste des Tanganjikasees.
TEMPERATUR 24–26 °C
PFLEGE Wasser mittelhart (10 bis 15 °dGH) und neutral bis leicht alkalisch. Steinaufbauten mit vielen Höhlen und Spalten. Problematischer Fisch! Haltung in möglichst großem Aquarium (ab 200 Liter, möglichst größer) in kleinem Trupp von etwa 5 Tieren. Die Zusammenstellung einer harmonisierenden Gruppe ist ausgesprochen schwierig, am einfachsten Geschwister. Nachträglich hinzugebrachte Artgenossen werden in der Regel nicht aufgenommen! Anderen Arten gegenüber harmlos.
ERNÄHRUNG Lebendfutter, Frostfutter, auch vegetarische Zusatzkost wie gebrühter Salat, Haferflocken.
ZUCHT Hochspezialisierter Maulbrüter. Die Mutter pflegt ihre 5 bis 20 Jungtiere auch noch einige Tage nach dem Entlassen aus dem Maul.

Kaiserbuntbarsch
Aulonocara nyassae

GRÖSSE Bis 18 cm, bleibt meist kleiner
BESCHREIBUNG Dominierende Männchen sind auf prächtig tintenblauem Grund schwarz gebändert mit hellblau gesäumter Rückenflosse und rostfarbenen Bauchflossen. Am Hinterrand der Afterflosse orangefarbene „Eiflecken". Weibchen und unterlegene Männchen sind unscheinbar bräunlich gefärbt mit dunklen Querbändern.
VORKOMMEN Afrika, endemisch im Malawisee im Übergang von der Fels- zur Sandzone.
TEMPERATUR 25–28 °C
PFLEGE Am besten in größerem Malawibecken mit anderen Buntbarschen aus diesem See. Wasser mittelhart und mäßig alkalisch (pH um 8). Ein recht friedfertiger Buntbarsch. Am besten gibt man zu einem Männchen zwei Weibchen. Liebt Felsaufbauten mit ausreichend Höhlenunterschlüpfen und vielen Spalten.
ERNÄHRUNG Unproblematisch, neben Flockenfutter wird gern auch tiefgefrorenes und gefriergetrocknetes Futter genommen.
ZUCHT Maulbrüter, Mutterfamilie. Die „Eiflecken" in der Afterflosse der Männchen dienen als Attrappen, die beim Ablaichen die Befruchtung der Eier gewährleisten.

Feuermaulbuntbarsch
Thorichthys meeki

GRÖSSE Bis 16 cm, Weibchen bleiben kleiner
BESCHREIBUNG Mit einem situationsbedingten dunklen Längsstreifen und oft nur undeutlich ausgeprägten Querstreifen. Auffallend ist ein hell gesäumter, dunkler Augenfleck am Rand des Kiemendeckels und eine unterschiedlich ausgeprägte Rotfärbung an der Unterseite von Kopf und vorderer Körperpartie. Die Geschlechter sind nur schwer zu unterscheiden.
VORKOMMEN Aus dem Nordosten Mexikos, Belize und dem nördlichen Guatemala
TEMPERATUR 24–26 °C
PFLEGE Ein robuster Buntbarsch, der sich nicht zur gemeinsamen Pflege mit zarten Fischen eignet. Besser zu kombinieren mit anderen mittelgroßen Buntbarschen (z. B. *Archocentrus, Cichlasoma, Geophagus* oder auch mit *Belontia* oder größeren Buschfischen). Auf Dauer nur für Aquarium ab 200 Liter. Keine besonderen Ansprüche an die Wasserzusammensetzung. Liebt Steine und Wurzeln, zu zarte Pflanzen können herausgewühlt werden.
ERNÄHRUNG Nimmt alles gängige Futter, gern auch kleinere Regenwürmer.
ZUCHT einfach. Substratlaicher, Elternfamilie.
BESONDERES Beim innerartlichen Drohen sehr eindrucksvoll: Die Tiere spreizen die Kiemendeckel mit den Augenflecken weit ab und stülpen ihre rote Kiemenhaut hervor!

Zebrabuntbarsch
Archocentrus nigrofasciatus

GRÖSSE Männchen bis zu 15 cm, Weibchen bis 12 cm
BESCHREIBUNG Verschiedene geographische Varianten. Normalerweise haben sie auf hellem, oft bläulichem Grund mehrere schwarze Körperquerstreifen, am Kopf schräg versetzt, so dass sich im Nackenbereich eine V-Struktur ergibt. Die Farbmuster der Weibchen sind entsprechend. Zusätzlich haben sie in der Bauchgegend gold- oder orangefarben glänzende Schuppen. Im Handel werden auch Weißlinge angeboten.
VORKOMMEN Mittelamerika: Guatemala, Panama, Belize, Honduras, Costa-Rica.
TEMPERATUR 24–26 °C
PFLEGE Sehr robust, keine Ansprüche an die Wasserzusammensetzung. Nur mit entsprechend robusten Fischen halten. Liebt Steine und Sand, in dem er gern gräbt, um im Schutz von Steinüberhängen sein Gelege anzukleben. Bei dieser Gelegenheit kann er auch schon mal Pflanzen ausgraben. Dennoch einer der empfehlenswertesten unter den mittelgroßen Buntbarschen, da relativ friedfertig.
ERNÄHRUNG Normales Flockenfutter, gern auch kleine Regenwürmer!
ZUCHT Sehr einfach. Bereits kleine Tiere von erst 5 cm Gesamtlänge sind geschlechtsreif und fortpflanzungsaktiv. Substratlaicher, Elternfamilie.

Goldfisch
Carassius auratus

GRÖSSE Selten über 20 cm lang, kann jedoch bis 45 cm erreichen
BESCHREIBUNG Während die Stammform, der Giebel, einfarbig silbergrau gefärbt ist, zeigt der eigentliche Goldfisch im Idealfall eine einheitliche orangerote Färbung. Durch Weiterzucht entstanden aus dieser Form in Ostasien weitere Rassen mit stark verlängerten Flossen (Schleierschwänze) und solche mit nach oben verdrehten Glotzaugen (Teleskopfisch), oft in den verschiedensten Färbungen und Mustern.
VORKOMMEN Ursprünglich Ostasien.
TEMPERATUR Um 20 °C, kann in weitem Rahmen variieren
PFLEGE Ausgesprochen widerstandsfähige Fische, auch die Zuchtformen; aber kein typischer Aquarienfisch. Haltung im Freilandteich. Dabei darf der regelmäßige Wasserwechsel nicht vergessen werden. Friedlich und harmlos. Zur Überwinterung müssen die empfindlicheren Formen (Teleskopfische, Schleierschwänze u. a.) im Aquarium gehalten werden (15 bis 20 °C). Sie sind sauerstoffbedürftig und bevorzugen klares Wasser, also Filterung!
ERNÄHRUNG sehr anspruchslos, Flockenfutter, gern auch vegetarische Anteile. Unter 10 °C stellen Goldfische das Fressen ein.

Prachtbarbe
Barbus conchonius

GRÖSSE Bis 15 cm, bleibt aber meist kleiner
BESCHREIBUNG Gedrungene Barbe mit dunklem Fleck am Beginn der Schwanzwurzel. Männchen kleiner und deutlich schlanker. Sie färben sich mit der Geschlechtsreife an den Seiten und im unteren Körperbereich schön rot.
VORKOMMEN Stammt aus Flüssen und Tümpeln im nördlichen Vorderindien, aus Bengalen und Assam.
TEMPERATUR 18–23 °C
PFLEGE Ein sehr lebendiger, friedlicher Schwarmfisch, der ausgesprochen anspruchslos ist. Am besten bringt man ihn zusammen mit anderen lebhaften Fischen unter, die kühleres oder nur mittelwarmes Wasser bevorzugen. Als Bepflanzung nimmt man am besten härtere Arten *(Vallisnerien, Cryptocorynen)*. Daneben brauchen die Fische auch größere Freiräume zum Schwimmen. Kleiner Schwarm von mindestens 6 Fischen. Nicht mit Fadenfischen oder Skalaren vergesellschaften.
ERNÄHRUNG Allesfresser, der neben Lebendfutter auch alle gängigen Trockenfutterarten nimmt.

Purpurkopfbarbe
Barbus nigrofasciatus

GRÖSSE Bis 6,5 cm
BESCHREIBUNG Gedrungen gebautes Fischchen mit drei dunklen Körperquerstreifen. Die größeren Männchen sind höher gebaut und zur Fortpflanzungszeit mehr oder weniger rötlich gefärbt. Ihre Flossen sind dann dunkelgrau bis schwarz.
VORKOMMEN Stammen aus pflanzenreichen, langsam fließenden Bächen aus Ceylon (Sri Lanka).
TEMPERATUR 22–26 °C, zur Überwinterung gern auch noch etwas kühler.
PFLEGE Ein friedlicher, aber gleichzeitig lebhafter Schwarmfisch; gut geeignet für die Gesellschaft weiterer Barben. Am besten bekommt ihm weicher Bodengrund, eine dichte Randbepflanzung und Schwimmpflanzen, aber auch ausreichend freier Schwimmraum im Mittelteil des Beckens. Zu helle Becken sind nichts für Purpurkopfbarben. Das Wasser sollte weich bis mittelhart sein. Nur im Schwarm zu mindestens 6 Artgenossen halten!
ERNÄHRUNG Unproblematischer Allesfresser, der mit jedem gängigen Futter ernährt werden kann.

Eilandbarbe
Barbus oligolepis

GRÖSSE Bis 5 cm
BESCHREIBUNG Eine kleine Barbe. Die Schuppen im oberen und mittleren Teil des Körpers sind typisch gefärbt: In ihrem Ursprung sind sie schwarz, danach perlmuttartig schimmernd. Die Flossen der meist etwas größer werdenden Männchen sind ansprechend schwarz gesäumt.
VORKOMMEN Eilandbarben kommen aus den Bächen, Flüssen und Seen des indonesischen Raums.
TEMPERATUR 20–24 °C
PFLEGE Sehr friedliche und dennoch lebhafte Fische, die aber immer im kleinem Schwarm gehalten werden müssen. Eilandbarben lieben weichen Bodengrund und eine dichte Randbepflanzung, in die sie sich gelegentlich zurückziehen können. Daneben sollte aber auch ausreichend freier Schwimmraum vorhanden sein. Die Ansprüche an das Wasser sind gering, wenngleich herkunftsgemäß weichere und leicht saure Wasserwerte bevorzugt werden.
ERNÄHRUNG Allesfresser, die mit dem üblichen Trockenfutter zufrieden sind. Sie sollten aber auch gelegentlich Frostfutter bekommen. Auch Algennahrung nehmen sie gern.

Fünfgürtelbarbe
Barbus pentazona

GRÖSSE Etwa 5 cm
BESCHREIBUNG Im Gegensatz zum Namen mit sechs Querbinden: Die erste geht durch die Kopf in Höhe des Auges, die letzte ist direkt am Ansatz der Schwanzflosse. Die Männchen sind in der Regel etwas kleiner und schlanker als die Weibchen.
VORKOMMEN Beheimatet in ruhigen Tieflandgewässern Südostasiens.
TEMPERATUR 22–26 °C.
PFLEGE Etwas ruhiger als die meisten anderen Barben und daher auch mit Fischen gut zu kombinieren, die nicht so viel Hektik mögen. Auch Fünfgürtelbarben sollten immer im Schwarm gehalten werden. Sie bevorzugen nicht zu hartes Wasser und brauchen einen regelmäßigen Wasserwechsel.
ERNÄHRUNG Gut eingewöhnte Fünfgürtelbarben nehmen auch Trockenfutter, doch sollte man mit Lebendfutter nicht geizig sein. Ersatzweise Frostfutter!
ZUCHT Die Vermehrung der Fünfgürtelbarbe ist schwieriger als die vieler anderer Barben. Das Wasser muss weich und leicht sauer sein und vor allem frei von organischen Verunreinigungen.

Messingbarbe
Barbus semifasciolatus

GRÖSSE Bis 10 cm
BESCHREIBUNG Ein mehr oder weniger gelborangener Fisch mit unregelmäßigen Flecken, die gehäuft in der Körpermitte auftreten. Die Flossen sind rötlich. Männchen sind deutlich kräftiger gefärbt, kleiner und schlanker als die Weibchen.
VORKOMMEN Messingbarben kommen ursprünglich aus dem südöstlichen China. Sie wurden daher gelegentlich auch als Hongkongbarben bezeichnet.
TEMPERATUR 18–24 °C.
PFLEGE Lebhafte, friedliche Schwarmfische, die gern im Boden wühlen; weicher Sandboden kommt ihren Bedürfnissen entgegen. Die anspruchslosen Fische brauchen ausreichend Schwimmraum, damit sie sich entfalten können. Weiches, leicht saures Wasser wird bevorzugt.
ERNÄHRUNG Starke Fresser, die keine besonderen Ansprüche an die Zusammensetzung des Futters stellen.
BESONDERES Es gibt im Handel auch eine xanthoristische Form (Gelblinge), die als „*Barbus schuberti*“ (Brokatbarbe) bezeichnet wird.

Sumatrabarbe
Barbus tetrazona

GRÖSSE Bis 7 cm
BESCHREIBUNG Kompakt gebaute, attraktive und beliebte Barbe mit vier kräftigen schwarzen Querstreifen. Schwarz gefärbt ist auch der untere Teil der Rückenflosse. Rottöne im Bereich der Flossen und im Vorderkopf. Männchen lebhafter gefärbt und schlanker.
VORKOMMEN Sumatrabarben stammen ursprünglich von den indonesischen Inseln Sumatra und Borneo.
TEMPERATUR 20–26 °C
PFLEGE Ein sehr lebhafter und spielfreudiger Fisch, der immer im Schwarm gehalten werden sollte. Nicht mit zarten Fischen kombinieren, da Sumatrabarben dann doch lästig werden können. Speziell die Haltung mit Fadenfischen oder Skalaren sollte vermieden werden, da die Barben ihnen durch Flossenzupfen schaden können. Weicher Sandboden, harte Randbepflanzung. Die Wasserwerte sind nicht von Bedeutung, solange sie nicht in extrem hartem Bereich sind. Anfällig gegen die *Ichthyosporidium*-Krankheit.
ERNÄHRUNG Allesfresser, der keine besonderen Ansprüche stellt.
ZUCHT Relativ einfach bei paarweisem Ansatz. Es gibt eine größere Anzahl von Zuchtformen, zum Beispiel Schleierformen, die grün schillernden „Moosbarben“ und Albinoformen.

Zweipunktbarbe
Barbus ticto

GRÖSSE Bis 10 cm
BESCHREIBUNG Typisch sind zwei augengroße Körperflecken auf dem mit Netzschuppen versehenen Körper. Der erste Fleck liegt über der Brustflosse, der zweite im Bereich der Schwanzwurzel. Die Männchen sind schlanker und haben ein schwarz getüpfelte Rückenflosse. Zur Laichzeit ist ihr Körper rötlich.
VORKOMMEN Die Fische stammen aus den Flüssen und Bächen im vorderindischen Bereich einschließlich Sri Lanka (Ceylon).
TEMPERATUR 18–24 °C
PFLEGE Anspruchsloser Schwarmfisch, der die Gesellschaft von Artgenossen braucht. Gut geeignet für das Gesellschaftsbecken mit nicht allzu ruhebedürftigen Mitfischen. Im Allgemeinen sehr friedliebend. Braucht auch dichtere Vegetation, in die er sich bei Bedarf zurückziehen kann.
ERNÄHRUNG Unproblematischer Allesfresser, der aber gelegentlich Frostfutter bekommen sollte.
BESONDERES Es gibt einige farbenprächtigere Varianten, die als Odessabarbe und Rubinbarbe bezeichnet werden.

Bitterlingsbarbe
Barbus titteya

GRÖSSE 5 cm
BESCHREIBUNG Relativ lang gestreckte Barbe mit seitlichen Netzschuppen und einem dunkleren Körperlängsstreifen, der an der Schnauzenspitze beginnt und erst am Beginn der Schwanzflosse endet. Die Männchen zeigen zur Laichzeit eine wunderbare Rotfärbung.
VORKOMMEN Aus schattigen Bächen in den Tiefebenen der Insel Ceylon (Sri Lanka).
TEMPERATUR 23–26 °C.
PFLEGE Eine friedliche Art, auch wenn die Männchen untereinander zur Laichzeit recht nachhaltig miteinander raufen können. Immer im Schwarm halten! Die Fische lieben es, sich gelegentlich in vegetationsreichere und dunklere Bereiche des Aquariums zurückzuziehen. Diesem Bedürfnis sollte man durch Wurzelunterstände und einer dichteren Randbepflanzung entsprechen. Die Ansprüche an das Wasser sind relativ moderat. Lediglich sehr hartes Wasser ist zu vermeiden.
ERNÄHRUNG Bitterlingsbarben sind Allesfresser, denen man aber doch hin und wieder auch Frostfutter oder Lebendfutter gönnen sollte.

Zebrabärbling
Brachydanio rerio

GRÖSSE Bis 6 cm
BESCHREIBUNG Schlanke Fischchen, die durch ihre zebraartige dunkle Längsstreifung unverwechselbar sind. Die Streifen gehen auch in die Schwanzflosse und die relativ große Afterflosse. Die Weibchen sind deutlich größer als die Männchen, die zudem wesentlich schlanker sind.
VORKOMMEN Ursprünglich beheimatet in den Bächen, Flüssen und Seen im Osten der indischen Union und in Bangladesh.
TEMPERATUR 18–24 °C.
PFLEGE Wohl kaum ein Schwarmfisch ist gleichermaßen so munter und doch so friedfertig wie dieser Bärbling. Fast ständig sind die „Zebras“ in Bewegung und jagen sich harmlos spielend gegenseitig. Man sollte sich mindestens sechs, besser acht oder mehr dieser Flitzer anschaffen. Zebrabärblinge stellen keine besonderen Ansprüche an das Wasser. Aber sie lieben Aquarien, die zumindest stellenweise auch dichter bepflanzt sind.
ERNÄHRUNG Allesfresser, absolut anspruchslos im Hinblick auf das Futter.
BESONDERES Leicht zu züchten und aufzuziehen. Allerdings braucht man dazu spezielle Zuchtaquarien, da die Eltern Laichräuber sind.
ANMERKUNG ◉ S.17

Tüpfelbärbling
Brachydanio nigrofasciatus

GRÖSSE Etwa bis 4,5 cm Gesamtlänge
BESCHREIBUNG Schlanker Bärbling mit blauschwarzem Längsband, das am Kiemendeckelhinterrand beginnt und im unteren Teil der Schwanzflossenwurzel endet. Darüber ein dünneres helles Band. Unter diesen Längsbändern mehrere unregelmäßig verteilte dunkle Flecken. Die Weibchen sind deutlich kräftiger gebaut als die zierlicheren Männchen.
VORKOMMEN Aus den Flüssen, Bächen und Reisfeldern von Myanmar (Burma).
TEMPERATUR 24–28 °C.
PFLEGE Lebhafter Schwarmfisch, allerdings nicht ganz so schwimmfreudig wie Zebrabärblinge. Immer im Schwarm halten, mindestens zu sechst, besser mehr. Tüpfelbärblinge sind ausgesprochen friedfertig und können mit den meisten Fischen passender Größe bedenkenlos zusammen gehalten werden. Sie lieben teilweise dichtere Pflanzenbereiche, brauchen aber auch viel freien Schwimmraum. Ihre Ansprüche an die Wasserzusammensetzung sind gering, wenngleich sehr hartes Wasser vermieden werden sollte.
ERNÄHRUNG Tüpfelbärblinge stellen an die Art des Futters keine gehobenen Ansprüche. Das übliche Flockenfutter ist für sie völlig in Ordnung.

Inselbärbling
Danio kerri

GRÖSSE 5 cm
BESCHREIBUNG Bläulich schillernde, lang gestreckte Fischchen mit schmalem, goldfarbenen Längsband, das am Kiemendeckelhinterrand beginnt und sich bis in die Schwanzwurzel fortsetzt. Darunter meist ein weiteres schwächeres Goldband. Die Männchen sind deutlich schlanker.
VORKOMMEN Aus Bächen Hinterindiens.
TEMPERATUR 23–26 °C
PFLEGE Schwimmfreudige und ausgesprochen friedliche Schwarmfische, die Wasserströmung lieben. Inselbärblinge gehören zu den anspruchlosen Fischen, sollten jedoch immer in einem kleinen Schwarm gehalten werden.
ERNÄHRUNG Allesfresser, die auch mit dem üblichen Flockenfutter zufrieden sind.
BESONDERES Eine recht variable Art. Inselbärblinge können mit anderen *Brachydanio*-Arten gekreuzt werden; jedoch sind die Nachkommen unfruchtbar.

Rotflossenrasbora
Rasbora borapetensis

GRÖSSE 5 cm
BESCHREIBUNG Schlanke, silbrige Fischchen mit einem schwarzen Körperlängsstreifen, der von einem goldfarbenen Streifen nach oben begrenzt wird. Die Schwanzflossen sind im Bereich des Flossenansatzes rötlich. Die Weibchen sind deutlich fülliger als die Männchen.
VORKOMMEN Häufiger Fisch in weiten Teilen Südostasiens (Thailand, Malaysia), besonders in Bächen und kleinen Flüssen.
TEMPERATUR 22–27 °C
PFLEGE Ein friedlicher, lebhafter Fisch, der sich gut zusammen mit anderen Bärblingen im Gesellschaftsbecken halten lässt. Als Schwarmfisch immer zu mehreren unterbringen! Rotflossenrasboras bevorzugen bewegtes Wasser mit geringen bis mittleren Härtegraden. Sie lieben teilweise gedämpftes Licht (Wasserpflanzen!), brauchen andererseits aber auch ausreichend freien Schwimmraum. Empfindlich gegen verschmutztes Wasser, daher ausreichend häufig Wasser wechseln!
ERNÄHRUNG Nimmt das übliche Trockenfutter, dankbar für gelegentliche Lebendfuttergaben.

Schmuckbärbling
Rasbora elegans

GRÖSSE Bis 20 cm
BESCHREIBUNG Groß werdender Bärbling mit Netzmuster. Typisch sind drei schwarze Zeichnungen am Körper: ein Fleck in der Körpermitte, ein rautenförmiges Muster am Ende der Schwanzwurzel und ein kurzer Streifen direkt am Ansatz der Afterflosse. Die Weibchen sind meist größer und plumper.
VORKOMMEN Aus Hinterindien sowie von den Inseln Indonesiens
TEMPERATUR 22–26 °C
PFLEGE Ein lebhafter, friedlicher Schwarmfisch (nicht weniger als 6 Tiere!), der sich gut mit anderen Rasbora-Arten vergesellschaften lässt. Im Hinblick auf die Endgröße sollte man diese Art nur in größeren Aquarien unterbringen. Braucht einerseits ausreichend Schwimmraum, andererseits Pflanzendickichte, in die er sich zurückziehen kann. Das Wasser sollte leicht bewegt und etwas sauer sein, Härte bis etwa 10 °dGH. Regelmäßiger Wasserwechsel ist wichtig.
ERNÄHRUNG Ein Allesfresser, der neben Flockenfutter gern auch Frostfutter und Lebendfutter nimmt.
BESONDERES Von dieser Art wurde eine Anzahl verschiedener geographisch bedingter Unterarten beschrieben.

Keilfleckbarbe
Rasbora heteromorpha

GRÖSSE 4,5 cm
BESCHREIBUNG Sehr gedrungen gebautes Fischchen, das sich durch ein schwarzes keilartiges Körpermuster auszeichnet. Die Grundfarbe ist mehr oder weniger rosa. Die Männchen sind deutlich schlanker.
VORKOMMEN Keilfleckbarben sind in weiten Teilen Südostasiens verbreitet, aber nicht überall häufig. Überwiegend in ruhigen Gewässern.
TEMPERATUR 22–25 °C.
PFLEGE Schwimmfreudige, dabei völlig friedliche Art. Schwarmfisch, daher in kleinem Trupp von mindestens 6 Fischen halten.Für das Gesellschaftsaquarium geeignet, aber sie brauchen die Gesellschaft entsprechender Friedfische (keine großen Barben!). Das Wasser sollte weich sein und wenn möglich leicht sauer.
ERNÄHRUNG Relativ anspruchslos. Flockenfutter, gefriergetrocknetes Futter, Frostfutter.
ZUCHT Nicht einfach und nur etwas für Spezialisten. Das Wasser muss besonders zubereitet werden, es muss sehr weich, sauer und bakterienfrei sein. Die Fische kleben ihren Laich an die Unterseite von breitflächigen Wasserpflanzenblättern.
BESONDERES Hengels Bärbling *(Rasbora hengeli)* ähnelt der Keilfleckbarbe im Aussehen, in den Haltungsbedingungen und im Hinblick auf das Fortpflanzungsverhalten, ist aber noch zarter. Zur Vergesellschaftung eignen sich hier nur sehr kleine Mitfische wie beispielsweise Zwergbärblinge.

Schönflossenrasbora
Rasbora kalochroma

GRÖSSE 10 cm
BESCHREIBUNG Ansprechend rötlich gefärbte, lang gestreckte Fische mit einem typischen Fleckenmuster. Sie besitzen einen knapp augengroßen schwarzen Fleck direkt oberhalb der Brustflosse und einen weit größeren, rundlichen schwarzen Fleck oberhalb des Ansatzes der Afterflosse. Männchen schlanker und noch etwas intensiver gefärbt.
VORKOMMEN Aus Westmalaysia, Sumatra und Borneo.
TEMPERATUR 25–28 °C.
PFLEGE Schwarmfische, die ausreichend große Becken mit viel freiem Schwimmraum brauchen, andererseits aber auch Pflanzenunterstände, die sie gern aufsuchen. Sie bevorzugen auch dunklere Stellen, daher sind Schwimmpflanzen empfohlen (Sumatrafarn!). Wasser weich bis mittelhart (bis etwa 10 °dGH), leicht sauer. Regelmäßiger Wasserwechsel!
ERNÄHRUNG Allesfresser, die gern auch Flockenfutter nehmen.

Zwergbärbling
Rasbora maculata

GRÖSSE 2,5 cm, sie gehören zu den kleinsten Wirbeltieren überhaupt!
BESCHREIBUNG Die ansonsten rosarot gefärbten Fischchen haben auf dem Körper und am Ansatz der Flossen große dunkle Flecken. Die Männchen sind schlanker, kleiner und intensiver gefärbt.
VORKOMMEN Beheimatet in langsam fließenden Gewässern Südostasiens, in Gräben und Sümpfen.
TEMPERATUR 24–26 °C.
PFLEGE Am besten eignen sich Zwergbärblinge für kleinere Becken, speziell für Artaquarien. In zu großen Becken gehen die Fischchen regelrecht unter! Die Fischzwerge können nur mit ebenfalls kleinen und friedlichen Fischen wie *Rasbora hengeli* oder *R. heteromorpha* gehalten werden. Doch auch Spitzschwanzmakropoden (*Pseudosphromenus*-Arten) und die kleinen Honigfadenfische *(Colisa chuna)* eignen sich zur Gesellschaft. Immer im kleinen Schwarm halten! Zwergbärblinge brauchen weiches bis mittelhartes, leicht saures Wasser.
ERNÄHRUNG Kleines Lebendfutter, auch Flockenfutter wird genommen.

Kardinalfisch
Tanichthys albonubes

GRÖSSE 4 cm
BESCHREIBUNG Ein mehr oder weniger ausgeprägtes dunkles Körperlängsband, darüber ein viel schmalerer Leuchtstreifen. Schwanzflosse, gelegentlich auch Teile der anderen Flossen rötlich. Rücken-, After- und Bauchflossen hell gesäumt. Die Männchen sind schlanker und intensiver gefärbt.
VORKOMMEN Südchina, aus Bächen in der Umgebung von Hongkong.
TEMPERATUR 18–22 °C.
PFLEGE Kardinalfische sollten immer nur im Schwarm von zumindest 6 Fischchen gepflegt werden. Ansonsten gibt es kaum anspruchslosere Fische. Sie sind auch in härterem Wasser stets munter, dabei friedlich gegen ihre Mitbewohner. Zu hohe Temperaturen sollte man meiden.
ERNÄHRUNG Allesfresser, der jegliches Flocken- und Lebendfutter nimmt.
ZUCHT Recht einfach. In ein dicht bepflanztes Aquarium ein Paar geben. Nach dem Ablaichen das Paar herausfangen. Die Larven schlüpfen nach etwa 36 Stunden und können mit feinem Staubfutter aufgezogen werden.
BESONDERES Es gibt auch schleierflossige Mutanten.

Feuerschwanz
Labeo bicolor

GRÖSSE Bis 12 cm
BESCHREIBUNG Karpfenähnlicher Fisch mit deutlichen Barteln, unverkennbar durch die Färbung: Bis auf die knallrot gefärbte Schwanzflosse am ganzen Körper und an den übrigen Flossen tiefschwarz.
VORKOMMEN Bäche und Flüsse Thailands
TEMPERATUR 22–26 °C
PFLEGE Wegen seiner dekorativen Erscheinung beliebter Anfängerfisch, der aber im Gesellschaftsaquarium oft selbst Profis Probleme bereitet. Unverträglich, daher nicht mit Artgenossen zusammen halten! Auch anderen Fischen gegenüber oft aufdringlich! Man sollte von der Haltung von Feuerschwänzen im normalen Gesellschaftsaquarium Abstand nehmen! Das Wasser für Feuerschwänze sollte weich bis mittelhart und neutral sein. Regelmäßiger Teilwasserwechsel!
ERNÄHRUNG Nimmt anstandslos die üblichen Futtersorten.
ZUCHT Ist bereits gelungen, bereitet aber wegen der Unverträglichkeit der Tiere Probleme. Die Jungen färben ihre dunkle Schwanzflosse erst nach etwa 7 Wochen um.

Siamesische Rüsselbarbe, Algenfresser
Epalzeorhynchus siamensis

GRÖSSE Bis zu 14 cm, bleibt aber in der Regel kleiner.
BESCHREIBUNG schlanker Fisch mit unterständigem Maul. über der weißlichen Unterseite ein breites, schwarzes Körperlängsband, direkt darüber ein weit schmaleres goldenes Band.
VORKOMMEN Stammt aus Bachzonen der Malaiischen Halbinsel.
TEMPERATUR 24–26 °C
PFLEGE Ein Fisch, der auch mit kleineren Beifischen im Gesellschaftsaquarium gut gehalten werden kann. Artgenossen können gelegentlich kleinere Streitigkeiten austragen. Liebt weiches, leicht saures Wasser, ist aber auch bei weniger optimalen Bedingungen gut zu halten.
ERNÄHRUNG Nimmt Futter jeder Art, gern auch pflanzliche Nahrung. Geht gern an Algen (Name!), verschont jedoch die eigentlichen Aquarienpflanzen.
BESONDERES Nahe verwandt ist die Schönflossige Rüsselbarbe, *E. kallopterus*, die in den Ansprüchen ganz ähnlich ist. Unterschiede: Das schwarze Längsband endet bei siamensis in der Schwanzwurzel, bei *kallopterus* dagegen setzt es sich in die Schwanzflosse hinein fort.

Siamesischer Kampffisch
Betta splendens

GRÖSSE Weibchen bis 5 cm, Männchen bis 6 cm

BESCHREIBUNG Kampffische werden beim Händler in allen Farben angeboten, speziell die Männchen, in einfarbig rot, blau, gelb, weiß, violett und in allen denkbaren Farbkombinationen. Geschlechtsunterschiede: Männchen größer, mit ausgeprägteren Flossen und zumeist farbiger. Die Weibchen oft mit weißer Geschlechtspapille.

VORKOMMEN Mittleres Thailand in verkrauteten Seen und langsam fließenden Gewässern.

TEMPERATUR 25–28 °C

PFLEGE Anspruchslos im Hinblick auf das Wasser, friedlich gegen Artfremde. Mehrere splendens-Männchen sollten nur in wirklich großen Aquarien zusammen gehalten werden. Möglichst wenig Wasserströmung! Liebt daher eine zumindest teilweise Schwimmpflanzendecke. Bevorzugt stellenweise dicht bepflanzte Aquarien, die jedoch nicht sonderlich groß sein müssen. In einem 100-Liter-Aquarium möglichst nur ein Paar.

ERNÄHRUNG Nimmt ohne Probleme die gängigen Futtersorten

ZUCHT Einfach: Schaumnestbauer, paarweiser Ansatz, Vaterfamilie.

ANMERKUNG S.19

Javanischer Kampffisch
Betta picta

GRÖSSE Weibchen bis 4,5 cm, Männchen bis 6 cm

BESCHREIBUNG Kleiner kurzflossiger Maulbrüter mit drei dunklen, unterbrochenen Körperlängsstreifen. Männchen im Prachtkleid braunrot. Eine weit verbreitete Art, die sich durch zahlreiche geographische Varianten oder Unterarten auszeichnet.

VORKOMMEN Auf Java und Sumatra in Fließgewässern und in den Randgebieten von Seen.

TEMPERATUR 25–27 °C

PFLEGE Friedfertig und genügsam, auch zur Vergesellschaftung gut geeignet. Sehr empfehlenswert, auch für das Gesellschaftsaquarium. Liebt etwas Wasserbewegung (Filter!). Das Wasser kann weich bis mittelhart sein.

ERNÄHRUNG Stellt keine besonderen Ansprüche an Futter, gelegentliche Frostfuttergaben sind jedoch empfehlenswert.

ZUCHT Fortpflanzungswillige Weibchen verteidigen kurzzeitig ein kleines Revier am Boden. Nach der Paarung übernimmt der Vater den Laich, den er im Maul bis zum Freischwimmen der Jungen nach etwa 10 Tagen abgibt.

ANMERKUNG Andere maulbrütende Betta-Arten sind ebenfalls friedfertig. Sie werden aber in der Regel größer und sind oft nicht nachzuzüchten.

Wulstlippiger Fadenfisch
Colisa labiosa

GRÖSSE Weibchen bis 8 cm, Männchen bis 9 cm
BESCHREIBUNG Die Männchen färben sich im Prachtkleid fast schwarz. Die Art ähnelt auf dem ersten Blick stark dem Gestreiften Fadenfisch *(Colisa fasciata)*, ist aber etwas gedrungener und kleiner. Die Männchen der beiden Arten sind leicht an der Form ihrer Afterflossen zu unterscheiden: Bei *labiosa* ist sie hinten abgerundet, bei *fasciata* zugespitzt.
VORKOMMEN Im Flussgebiet des Irawadi in Myanmar (Birma).
TEMPERATUR 25–28 °C
PFLEGE Stellt keine besondere Ansprüche. Gut für das schön bepflanzte Gesellschaftsaquarium mit anderen friedlichen Fischen geeignet. Selbst zur Fortpflanzungszeit sind die Wulstlippigen Fadenfische verhältnismäßig friedlich. Sie bauen Schaumnester an der Wasseroberfläche, bevorzugt zwischen Schwimmpflanzen. In einem 100-Liter Aquarium bringt man ein Paar oder ein Männchen mit zwei Weibchen unter.
ERNÄHRUNG Frisst ohne Probleme alle gängigen Futtersorten.
ZUCHT Einfach: Schaumnestbauer, Vaterfamilie.
BESONDERES Gelegentlich wird eine gelbliche oder orangefarbene Zuchtform angeboten. In der Pflege unterscheidet sie sich nicht von der Wildform. Das gilt auch für Gestreifte Fadenfische.

Zwergfadenfisch
Colisa lalia

GRÖSSE Männchen bis 5 cm, Weibchen bis 4 cm
BESCHREIBUNG Braunrot mit etwa 10 leuchtend blauen Querstreifen und einer leuchtend blauen Kehlpartie. Dem Weibchen fehlt die Farbigkeit der Männchen.
VORKOMMEN Im Einzugsbereich der großen nordindischen Ströme, auch in Nepal.
TEMPERATUR 26–28 °C
PFLEGE Im gut bepflanzten Aquarium mit ruhigen Mitfischen ideal zu halten. Das Männchen baut gern zwischen Schwimmpflanzen ein Nest. Das bleibt in der Regel aber harmlos. Im Hinblick auf Krankheiten und die Wasserzusammensetzung recht unempfindlich, verträgt aber nur sehr wenig Wasserströmung! Kurzlebig, wird nur selten älter als zwei Jahre. Empfehlung für ein 100-Liter-Aquarium: ein Männchen mit ein oder zwei Weibchen.
ERNÄHRUNG Keinerlei Ansprüche an das Futter, für Lebendfuttergaben dankbar.
ZUCHT Bei paarweisem Ansatz einfach. Die kleinen, mit Pflanzen stabilisierten Schaumnester gehören zu den sorgfältigsten Bauwerken bei Fischen. Vaterfamilie.
ANMERKUNG Es gibt mehrere Zuchtrassen im Handel: Blaue und rote Formen, Neon-Lalias und Regenbogen-Lalias. Sehr interessantes Verhalten (u. a. Beutespucken).

Honigfadenfisch
Colisa chuna

GRÖSSE Weibchen bis 4,5 cm, Männchen bis 4 cm
BESCHREIBUNG Männchen im Prachtkleid herrlich braunrot mit schwarzer Kehle und gelber Rückenflosse. In Normaltracht sind sie wie die Weibchen hellbraun mit dunklem Längsstreifen.
VORKOMMEN Brahmaputra-Tiefland, Nordindien, Nepal. Leben im Schwarm in Bächen und kleinen Flüssen, nach den Monsunregen errichten sie ihre Schaumnester in den überschwemmten Reisfeldern.
TEMPERATUR 25–28 °C
PFLEGE Empfehlenswerter, unproblematischer Fisch, lebhaft, aber völlig harmlos; oberflächenorientiert. Honigfadenfische eignen sich sowohl für das Art- wie auch für das Gesellschaftsaquarium mit nicht zu lebhaften Mitbewohnern. Schwimmpflanzen sollten vorhanden sein. Keine gehobenen Ansprüche an das Wasser. Für ein 100-Liter-Aquarium empfiehlt es sich, 5 Tiere zu kaufen, ideal: 2 Männchen und 3 Weibchen.
ERNÄHRUNG Nimmt Trockenfutter, gern gelegentlich auch Lebendfutter.
ZUCHT Schaumnestbauer, Vaterfamilie. In Abhängigkeit von der Herkunft der Tiere ist es manchmal schwierig, die Fische in Fortpflanzungsstimmung zu bringen!
ANMERKUNG Die kleinste und gleichzeitig lebhafteste Fadenfisch-Art. Die Männchen bleiben kleiner als die Weibchen! Wird gelegentlich als *Colisa sota* bezeichnet.

Schokoladengurami
Sphaerichthys osphromenoides

GRÖSSE Weibchen bis 5,5 cm, Männchen bis 6 cm
BESCHREIBUNG Seitlich stark zusammengedrückt mit ovaler Körperform. Dunkelbraun mit 3 bis 4 hellgelben Querstreifen. Die Geschlechter lassen sich nur schwer unterscheiden.
VORKOMMEN In stark verkrauteten, langsam fließenden Bächen mit oft dunkelbraunem Wasser im Süden der Malaiischen Halbinsel und in Sumatra. In ihrer Heimat nicht selten.
TEMPERATUR 28–30 °C
PFLEGE Anfällige Tiere, die nur in die Hand von Spezialisten gehören. Im Gesellschaftsaquarium sterben die meisten Tiere recht bald, obwohl Einzeltiere sich als robust erweisen können. Besser ist die Haltung im Artaquarium mit weichem, saurem Wasser bei schwacher Filterung und häufigem Teilwasserwechsel. Sehr empfindlich gegen Oodinium.
ERNÄHRUNG Die Fische sollten ausgesuchtes Lebendfutter bekommen (keine Tubifex, keine roten Mückenlarven)!
ZUCHT Nur etwas für ausgesprochene Experten. Maulbrüter.

Paradiesfisch, Makropode
Macropodus opercularis

GRÖSSE Männchen bis 8 cm, Weibchen bis 11 cm
BESCHREIBUNG Die Männchen tragen auf rotbraunem Grund blaue Querstreifen, ihre Rücken- und Afterflossen sind prächtig, die äußeren Schwanzflossenstrahlen sind leierartig verlängert.
VORKOMMEN In Südostchina in stehenden und langsam fließenden Gewässern.
TEMPERATUR 20–26 °C.
PFLEGE Paradiesfische sind in jeder Hinsicht genügsam und pflanzenfreundlich. Sie lieben zumindest stellenweise dicht bepflanzte Becken. Nicht zu starke Strömung! Wenn die Männchen in Laichstimmung kommen und am Wasserspiegel ihre Schaumnester errichten, können sie jedoch aggressiv und für zartere Mitbewohner zum Problem werden. Die Vergesellschaftung ist also nicht risikolos! Paarweise Haltung im 100-Liter-Aquarium.
ERNÄHRUNG Anspruchslos, nimmt jedes übliche Futter
BESONDERES Erster tropischer Aquarienfisch, der erstmalig 1869 nach Frankreich gelangte, 1876 nach Deutschland. Es gibt noch eine Form mit besonders großen Blauanteilen und eine albinotische Zuchtform. Die nur selten angebotenen Insel-Makropoden (*Belontia*-Arten) eignen sich wegen ihrer Größe nur zur gemeinsamen Haltung mit mittelgroßen Cichliden und Welsen.

Roter Spitzschwanzmakropode
Pseudosphromenus dayi

GRÖSSE Weibchen bis 6,5 cm, Männchen bis 7,5 cm
BESCHREIBUNG Ocker bis rosafarben mit zwei annähernd parallelen, dunklen Längsstreifen. Ausgezogene Afterflossen- und Schwanzspitzen, beim älteren Männchen oft eindrucksvoll. Unpaare Flossen rotbraun, leuchtend blau eingefasst.
VORKOMMEN Im südlichen Vorderindien (Malabarküste) nicht selten, leben sehr versteckt.
TEMPERATUR 25–26 °C
PFLEGE Genügsam in weichem und mittelhartem Wasser. Spitzschwanzmakropoden brauchen Unterschlüpfe und sollten nicht zu starker Strömung ausgesetzt werden. Friedlich, auch gegen Artgenossen. Vorschlag für ein 100-Liter-Becken: 2 Paare. Wegen ihrer zurückhaltenden Art sind Spitzschwanzmakropoden für größere Gesellschaftsaquarien weniger geeignet.
ERNÄHRUNG Keine besonderen Futteransprüche.
ZUCHT In kleinem, bepflanztem Aquarium mit Bruthöhle nicht schwer. Schaumnestbauer, Vaterfamilie.
BESONDERES Die Angaben zur Pflege und Zucht gelten auch für den nahen Verwandten *Pseudosphromenus cupanus*, den schwarzen Spitzschwanzmakropoden.

Knurrender Zwerggurami
Trichopsis pumila

GRÖSSE Weibchen bis 4,5 cm, Männchen bis 3,5 cm

BESCHREIBUNG Körper blassgelb, bei Auflicht türkis schimmernd. Zwei dunkle Körperlängsreihen, von denen besonders die obere in Einzelflecken aufgelöst ist. Geschlechtsbestimmung schwierig: Man kann den Eierstock reifer Weibchen bei genauer Betrachtung ausmachen, am besten im Gegenlicht.

VORKOMMEN Die Fische leben versteckt in dicht verkrauteten, stehenden Gewässern in Thailand.

TEMPERATUR 26–28 °C

PFLEGE Ideale Fische für gut bepflanztes Kleinaquarium. Sie sind robuster als sie aussehen, aber dennoch nicht für zu lebhafte Mitbewohner geeignet.

ERNÄHRUNG Nehmen anstandslos Trockenfutter, brauchen jedoch gelegentlich auch Lebendfutter oder zumindest Frostfutter.

ZUCHT Paarweiser Ansatz in einem gut mit Pflanzen und möglichst mit einer Kunsthöhle ausgestatteten Becken. Schaumnestbauer, Vaterfamilie.

BESONDERES Die Männchen geben bei der Balz deutlich wahrzunehmende knurrende Töne von sich. Ebenfalls sieht man gelegentlich die etwas größeren Knurrenden Guramis *(Trichopsis vittata)* im Handel. Sie sind auch für größere Becken geeignet.

Mosaikfadenfisch
Trichogaster leerii

GRÖSSE Weibchen bis 10 cm, Männchen bis 12 cm

BESCHREIBUNG Mosaikfadenfische stehen weit oben in der Rangordnung der schönsten Aquarienfische. Ihr Körper und die unpaaren Flossen sind mosaikartig gemustert und perlmuttartig glänzend. Männchen in Prachtfärbung mit orangefarbener bis tiefroter Kehle und Brust.

VORKOMMEN Südborneo, Sumatra, Süden der Malaiischen Halbinsel in flachen, warmen und verkrauteten Teilen von stillstehenden oder langsam fließenden Gewässern.

TEMPERATUR 27–29 °C.

PFLEGE Sehr friedliches und pflanzenfreundliches Tier, ideal für das ruhige Gesellschaftsaquarium mit nicht zu hartem Wasser. Mosaikfadenfische sind oberflächenorientiert und brauchen warme, strömungsarme Becken. Sie sollten nicht mit lebhaften Fischen gehalten werden, keine Barben als Beifische! – Vorschlag für ein 100-Liter-Aquarium: ein Männchen, zwei Weibchen.

ERNÄHRUNG Es genügt gutes Flockenfutter, gelegentlich Frostfutter.

ZUCHT Schaumnestbauer, Vaterfamilie. Nach guter Anfütterung mit Lebendfutter (Weiße Mückenlarven!) in separatem Zuchtbecken mit weichem Wasser. Paarweiser Ansatz.

Punktierter Fadenfisch
Trichogaster trichopterus

GRÖSSE Weibchen bis 13 cm, Männchen bis 15 cm
BESCHREIBUNG Für die Wildform sind zwei schwarze Flecken auf dem blaugrauen bis graubraunen Körper typisch: einer in der Körpermitte, der andere in der Schwanzwurzel.
VORKOMMEN Häufigster Fadenfisch, der in ganz Südostasien vorkommt.
TEMPERATUR 24–28°C
PFLEGE Widerstandsfähiger Fisch, der gut für das bepflanzte, nicht zu kleine Gesellschaftsaquarium geeignet ist. Gelegentlich können einige Männchen allerdings ruppig werden. Man sollte Punktierte Fadenfische daher nicht mit zu zarten Mitfischen halten. Im 100-Liter-Aquarium sollte man nicht mehr als ein Paar Punktierte Fadenfische unterbringen.
ERNÄHRUNG Völlig unproblematisch. Nimmt jedes gängige Futter.
BESONDERES Häufiger als die Wildform findet man im Handel Zuchtrassen des *Trichogaster trichopterus*: Goldguramis, Silberguramis, Marmorierte Guramis (Cosby) und die Blauen Fadenfische. Sie unterscheiden sich in der Färbung, nicht aber in den anderen Merkmalen und Eigenschaften von der Wildform.
ZUCHT Vaterfamilie, Schaumnestbauer, relativ leicht im normal eingerichteten Zuchtbecken.

Gebänderter Buschfisch
Ctenopoma fasciolatum

GRÖSSE Weibchen bis 7 cm, Männchen bis 8,5 cm
BESCHREIBUNG Etwa 7 unregelmäßige blaugrüne Querbinden an den Körperseiten. Bauchflossen der Männchen länger, oft blau gefärbt.
VORKOMMEN Zentralafrika: Kongogebiet in klaren, vegetationsreichen Uferzonen.
TEMPERATUR 24–26 °C
PFLEGE Tagaktiv. Friedlich und ziemlich genügsam. Weiches oder mittelhartes Wasser, nicht zu starke Wasserbewegung! Zur Haltung im Gesellschaftsaquarium ausgezeichnet geeignet, braucht aber viele deckungsgebende Pflanzen. Liebt vor allem auch Schwimmpflanzen, z. B. *Riccia*. Vorschlag: 1 Paar *fasci latum* als Mitfische in einem 100-Liter-Aquarium. Eine der kleineren, schaumnestbauenden Buschfisch-Arten, die wirklich empfehlenswert ist.
ERNÄHRUNG Unproblematisch, nimmt jedes Futter. Gelegentliche Lebend- oder Frostfuttergaben werden aber dankbar angenommen.
ZUCHT Schaumnestbauer, Zucht relativ einfach. Das Zuchtaquarium sollte nicht zu hell stehen.
ANMERKUNG Auch die anderen kleinen schaumnestbauenden Buschfische *(Ctenopoma ansorgii)* sind gut für das Gesellschaftsaquarium geeignet. Sie brauchen jedoch weicheres Wasser und auch häufigere Lebendfuttergaben.

Küssender Gurami
Helostoma temminckii

GRÖSSE Bis 30 cm, bleiben im Aquarium kleiner.

BESCHREIBUNG Die eiförmigen Tiere mit der zugespitzten Schnauze sind unschwer an ihren „Kusslippen" zu erkennen. Die Naturform ist einfarbig silbergrau. Häufiger begegnet man jedoch einer fleischfarbenen Zuchtform.

VORKOMMEN In Südostasien in träge fließenden Gewässern, in Teichen und Seen weitverbreitet. Wird als Speisefisch viel in Zuchtteichen gehalten!

TEMPERATUR 26–29 °C

PFLEGE Absolut friedliche und pflanzenfreundliche Labyrinthfische. Erwachsene Tiere sollten nur in großen Aquarien gehalten werden!

ERNÄHRUNG Braucht reichlich Futter (Trockenfutter mit viel pflanzlichen Anteilen).

BESONDERES Das Maul ist auf das Ausfiltern planktonischer Nahrung spezialisiert, auch auf das Ablutschen von Algenrasen. – Oft sieht man die Tiere beim „Küssen". Da dieses Verhalten Bestandteil der Balz ist, ist diese Bezeichnung nicht ganz unpassend. Allerdings beobachtet man es auch bei rivalisierenden Männchen!

Faden-Prachtzwerggurami
Parosphromenus filamentosus

GRÖSSE Weibchen bis 3 cm, Männchen bis 3,6 cm

BESCHREIBUNG Zierliche Fische mit zwei schwarzen Längsstreifen auf ockerfarbenen Grund. Schwanzflosse mit fadenartig verlängertem Mittelstrahl, der beim Männchen bis 4 mm lang wird.

VORKOMMEN Nicht selten in SO-Borneo in kleinen, langsam fließenden und gut bewachsenen, bzw. verkrauteten Gewässern.

TEMPERATUR 25–28°C

PFLEGE Braucht wie alle Prachtzwerggguramis ein Artbecken mit Wurzelverstecken oder Steinhöhlen, weiches, leicht saueres Wasser (Torffilter) und feines Lebendfutter. Anspruchsvoller Fisch, der jedoch robuster als die meisten anderen *Parosphromenus*-Arten ist.

BESONDERES Fadenprachtzwerggguramis sind Höhlenlaicher. Die Männchen besetzen in Fortpflanzungsstimmung eine Höhle (Steinhöhle, umgekehrter Blumentopf), zu denen sie mit sehenswerten Balzspielen die Weibchen herbeilocken. Die freischwimmende Brut hält sich noch einige Tage im Bereich der Höhle auf und frisst frisch geschlüpfte *Artemia-Nauplien* (Salzkrebs-Larven). Gelegentlich werden im gut eingerichteten Artbecken einige Jungtiere von selbst groß. Einer der empfehlenswertesten Zwerggguramis.

Mondscheinfadenfisch
Trichogaster microlepis

GRÖSSE Weibchen bis 15 cm, Männchen bis 18 cm
BESCHREIBUNG Einfarbig silbrig, oft blauviolett schimmernd. Bauchflossenfäden der Männchen orange, bei den Weibchen farblos oder gelblich.
VORKOMMEN In Kambodscha und Mittelthailand häufig in verkrauteten Teilen von stillstehenden oder langsam fließenden Gewässern. Wird hier als Speisefisch gefangen.
TEMPERATUR 27– 29 °C
PFLEGE Friedliches und pflanzenfreundliches Tier, ideal für das ruhige Gesellschaftsaquarium mit nicht zu hartem Wasser. Keine gesteigerten Ansprüche an das Futter oder die Wasserzusammensetzung.
BESONDERHEIT Fortpflanzungswillige Männchen werden oft ausgesprochen ruppig gegenüber dem Weibchen. Sie sammeln dann auch verschiedene Pflanzenteile ein, aus denen sie, vermischt mit Schaumblasen, ein sehr großes Nest bauen. Diese Probleme sind im Gesellschaftsaquarium allerdings kaum zu befürchten, da die Fische sich normalerweise nur in größeren, gut bepflanzten Zuchtbecken fortpflanzen.
ZUCHT Abwechslungsreiches Lebendfutter, weiches Wasser und hohe Temperaturen. Dann können Mondscheinfadenfische sehr produktiv sein!

Zwergbuschfisch
Ctenopoma nanum

GRÖSSE Weibchen bis 6,5 cm, Männchen bis 7,5 cm
BESCHREIBUNG Die senkrechten Flossen weisen im Gegensatz zu *C. fasciolatum* (S. 81) keine Flecken auf. Am Körper 6 bis 8 Querstreifen. In Prachtfärbung sind die Männchen fast schwarz.
VORKOMMEN Südkamerun, Gabun, Kongobecken und weite Teile Angolas in kleinsten beschatteten Fließgewässern des Regenwaldes.
TEMPERATUR 24–25 °C
PFLEGE Relativ problemlos. Sie lieben gut bepflanzte Becken und sind auch für das Gesellschaftsaquarium mit friedfertigen Beifischen geeignet. Wasser mittelhart, besser weich. Lebendfutter wird bevorzugt.
ZUCHT Die Tiere bauen in geschützten Lagen an der Wasseroberfläche ein Schaumnest, unter dem sie ablaichen. Das Männchen übernimmt die Brutpflege. Kurz vor dem Freischwimmen der Kleinen sollte man das Nest mit der Brut herausholen und in ein gesondertes Becken überführen. Aufzucht mit feinstem Lebendfutter und Artemien.

Gebänderter Kampffisch
Betta taeniata

GRÖSSE Weibchen bis 6 cm, Männchen bis 8 cm
BESCHREIBUNG Auffallendes Merkmal bei beiden Geschlechtern sind auf den Kiemendeckeln jeweils zwei leuchtend blaue oder grünliche Flecken. Die unpaaren Flossen sind ebenfalls hellblau gerandet. Die Männchen haben größere Flossen und sind farbiger.
VORKOMMEN Betta taeniata lebt versteckt zwischen abgefallenem Laub am Grund langsam fließender Gewässer im Süden von Sarawak (Borneo, Ostmalaysia).
TEMPERATUR 25–27 °C
PFLEGE Leicht zu pflegende Tiere, deren Haltung in weichem Wasser und mit Lebendfutter leicht ist. Am besten hält man die Tiere im Artbecken.
ZUCHT Das Paar umschlingt sich in Bodennähe. Die Eier werden in die Körperbeuge des Männchen abgelegt. Anschließend übernimmt das Weibchen den Laich und übergibt ihn dem Männchen von Maul zu Maul. Der Vater trägt die Eier und die Larven etwa 10 Tage im Maul. Nachzuchten sind wie bei vielen maulbrütenden Bettas bei Wildfängen leicht zu erzielen, bei Nachzuchttieren jedoch ausgesprochen problematisch.

Kleiner Kampffisch
Betta imbellis

GRÖSSE Weibchen bis 4 cm, Männchen bis 5 cm
BESCHREIBUNG Die Männchen färben sich in Laichstimmung fast schwarz, ihre Körperschuppen glänzen blau. Teile der Flossen sind leuchtend rot gefärbt. Die Weibchen sind ockerfarben und haben kürzere Flossen. Laichbereite Weibchen sind hell mit mehreren unregelmäßigen dunklen Querstreifen und haben eine deutlich erkennbare weiße Laichpapille.
VORKOMMEN Malaiische Halbinsel, Betta imbellis lebt bevorzugt in strömungsarmen, pflanzenreichen Gewässern, also in Seen und Reisfeldern.
TEMPERATUR 26–28 °C
PFLEGE Keine besonderen Ansprüche an das Wasser und das Futter. Zur Vergesellschaftung sind nur kleinere und nicht zu hektische Beifische geeignet. Als Revierfische bekämpfen sich die Männchen untereinander. In gut bepflanzten Art-Becken mit einer Oberfläche von 80 x 30 cm können – neben mehreren Weibchen – vier Männchen gemeinsam gehalten werden.
ZUCHT Nicht schwer. Die Männchen errichten Schaumnester und übernehmen nach dem Laichvorgang die Pflege der Eier und der Brut bis zum Freischwimmen. Danach pflegt man die Kleinen gesondert.
Erstfutter: Frisch geschlüpfte Artemien, also Salzkrebslarven.

Rotflossensalmler
Aphyocharax anisitsi

GRÖSSE Bis 5 cm
BESCHREIBUNG Gestreckter, silbrig erscheinender Salmler mit deutlichem Rot im unteren Teil der Schwanzflosse sowie in den Bauch- und Afterflossen. Die Männchen erkennt man am sichersten an feinen Widerhäkchen an den vorderen Afterflossenstrahlen, mit denen sie sich beim Herausfangen leicht im Netz verfangen.
VORKOMMEN Aus Paraguay und dem nordwestlichen Argentinien
TEMPERATUR 18–28 °C
PFLEGE Ein pflegeleichter, munterer Salmler, der auch mit hartem und basischem Wasser gut zurechtkommt. Die Fische halten sich bevorzugt in den oberen Wasserschichten auf. Ihrer Herkunft entsprechend können sie gut auch bei relativ niedrigen Temperaturen über längere Zeit gehalten werden. Eignen sich als friedliche Schwarmfische für jedes Gesellschaftsbecken.
ERNÄHRUNG Ausdauernder Allesfresser, der gern das übliche Standard-Flockenfutter nimmt.
ZUCHT Einfach, am besten im Schwarmansatz. Es empfiehlt sich jedoch ein Laichrost oder ein Bodenbelag mit groben Kieseln, denn die Fische sind ausgeprägte Laichräuber.

Trauermantelsalmler
Gymnocorymbus ternetzi

GRÖSSE Die Männchen erreichen 4 cm, die Weibchen bis zu 5,5 cm.
BESCHREIBUNG Unverkennbar durch seine gedrungene, hochgebaute Gestalt mit den deutlich ausgeprägten, tiefschwarz gefärbten Rücken- und Afterflossen. Auch der Hinterkörper ist dunkel, im Vorderkörper drei senkrechte, dunkle Querstreifen. Mit dem Heranwachsen verblassen die schwarzen Farbtöne, aber deren Intensität ist auch von der Wassertemperatur und der jeweiligen Stimmung der Fische abhängig.
VORKOMMEN Im Stromgebiet des Rio Paraguay
TEMPERATUR 20–26 °C
PFLEGE Ein friedlicher, ruhiger Schwarmfisch, der keine gehobenen Ansprüche stellt. Er kommt gut auch in hartem und basischem Wasser zurecht. Gegen Krankheitserreger wenig anfällig. Wirkt wie die meisten Salmler am ehesten in besonders in den Randzonen dichter bepflanzten, sonst etwas dunkleren Becken mit dunklem Bodengrund. Gedeiht aber auch in helleren Becken.
ERNÄHRUNG Nimmt ohne Probleme Flockenfutter und andere der üblichen Futtersorten.
ANMERKUNG Gelegentlich trifft man eine schleierflossige Mutante an.

Glühlichtsalmler
Hemigrammus erythrozonus

GRÖSSE Bis 4 cm
BESCHREIBUNG Ein zierlicher, relativ gestreckt gebauter Hemigrammus, der vor allem durch seinen orangerot leuchtenden Körperlängsstreifen ausgezeichnet ist. Der Leuchtstreifen beginnt am Augenoberrand und endet in der Schwanzwurzel. Die Flossen sind mit Ausnahme der Brustflossen mit weißlichen Kanten versehen. Ansonsten ist das Fischchen unscheinbar gefärbt. Die Weibchen sind größer und kräftiger und an der eher rundlichen Bauchpartie zu erkennen.
VORKOMMEN Beheimatet in kleinen Regenwaldgewässern in Britisch-Guayana
TEMPERATUR 22–25 °C
PFLEGE Die absolut friedlichen Schwarmfische sollten wie alle *Hemigrammus*-Arten nur im kleinen Schwarm gehalten werden, also mindestens zu sechst, besser mehr. Es versteht sich, dass die Fischchen sich nur in Gesellschaft kleiner Beifische wohl fühlen. Zum Wohlbefinden gehört auch ein etwas abgeschattetes Aquarium (z. B. Schwimmpflanzen). In zu hellen Aquarien wirken diese Tiere auch nicht. Auch der Bodengrund sollte nicht zu hell sein. Die Wasserwerte sind nur für die Zucht von Bedeutung. Allerdings sind geringere Härtegrade und ein schwach saurer pH-Wert für die Lebensdauer der Tiere günstig.
ERNÄHRUNG Ein unkomplizierter Allesfresser, der mit dem normalen Flockenfutter zufrieden ist.

Kupfersalmler
Hasemania nana

GRÖSSE Die Fische erreichen knapp 5 cm Länge
BESCHREIBUNG Ockerfarben, teilweise mit einem rötlichen Einschlag. Typisch ist ein dunkler, hell eingefasster Dreiecksfleck in der Schwanzflossenbasis, der sich nach vorn hin längsstreifenartig ausdehnt. Die Spitzen der Rücken-, After- und Schwanzflossen sind auffallend weiß. Bei genauerem Hinsehen erkennt man, dass *Hasemania* im Gegensatz zu den meisten ihrer Verwandten keine Fettflosse besitzen. Die Männchen bleiben schlanker als die Weibchen.
VORKOMMEN Kolumbien, aus dem Stromgebiet des Rio Sao Francisco, aus kleinen Bächen und Quellflüssen. Auch aus Brasilien werden Fundorte gemeldet.
TEMPERATUR 22–28 °C
PFLEGE Eine friedliche Art, die als kleiner Schwarm sich in jedes Südamerikabecken mit friedlichen und nicht zu großen Fischen gut einfügt. Die Fische lieben Strömung und sauerstoffreiches Wasser, sind aber nicht besonders anspruchsvoll. Sie bevorzugen jedoch gedämpftes Licht und lieben es, sich gelegentlich auch in eine pflanzenreichere Zone zurückzuziehen.
ERNÄHRUNG Normales Flockenfutter
ZUCHT Die Zucht und die Aufzucht der kleinen Hasemania gestaltet sich für den geübten Salmlerzüchter als einfach. Allerdings ist die Art nicht sonderlich produktiv.

Laternenträger
Hemigrammus ocellifer

GRÖSSE Gut 4 cm
BESCHREIBUNG Ein gedrungener gebauter Salmler, der sich gern flossenzuckend am Rande eines Pflanzendickichts aufhält. Typisch ist der nach vorn ausgezogene Dreiecksfleck, der sich in der Schwanzwurzel befindet. Er ist nach oben und vorne von einem golden leuchtenden Fleck eingerahmt, daher der Name Laternenträger oder Schlußlichtsalmler. Auch der obere Teil der Augeniris leuchtet orangefarbig bis rot. Die Weibchen sind in der Regel etwas größer und rundlicher als die Männchen.
VORKOMMEN Guyana, Surinam und das Ausstromgebiet des Amazonas.
TEMPERATUR 22–26 °C
PFLEGE Der bereits 1910 erstmals eingeführte Fisch ist seitdem beliebter und vielfach nachgezüchteter Aquarienfisch. Die Tiere sind ausgesprochen pflegeleicht und unempfindlich. Aber natürlich gilt auch für sie, dass sie als Salmler zu hartes und zu basisches Wasser weniger gut vertragen. Selbstverständlich sollten auch sie nur im Schwarm gehalten werden. In dunkleren Becken und mit friedlichen Beifischen zeigen sie erst ihre Schönheit.
ERNÄHRUNG Normales Flockenfutter
ZUCHT Einfach und auch in mittelhartem Wasser möglich.
ANMERKUNG Man unterscheidet zwei Unterarten, den *H. o. ocellifer* und *H. o. falsus. H. o. ocellifer* hat einen dunklen Schulterfleck, der eine weitere golden leuchtende Zone mehr oder weniger überlagert.

Karfunkelsalmler
Hemigrammus pulcher

GRÖSSE Bis 4,5 cm
BESCHREIBUNG Eine gedrungene, hochrückige Art. Unterer Teil des Schwanzstiels schwarz, mehr oder wenig grün schimmernd. Darüber im oberen Teil des Schwanzstiels ein gold- bis orangefarbener Leuchtstreifen. In der vorderen Körperpartie ein ebenso leuchtender Schulterfleck. Weibchen rundlicher und in der Färbung meist matter als die Männchen.
VORKOMMEN Aus dem Gebiet des Amazonenstroms, zumeist aus dunklen Waldgewässern.
TEMPERATUR 23–27 °C
PFLEGE Ein besonders attraktiver, sehr friedlicher Salmler, der sich aber nur im Schwarm und in dunkleren Aquarien wohl fühlt. In pflanzenarmen und zu hell beleuchteten Becken ohne dunkel gehaltene Rückzugszonen zeigen die Tiere nicht ihre Leuchtfarben. Im Hinblick auf die Wasserbeschaffenheit sind Karfunkelsalmler etwas anspruchsvoll. Sie sollten in weichem, leicht saurem Wasser gehalten werden. Die Beifische sollten ebenfalls friedfertig sein.
ERNÄHRUNG Karfunkelsalmler nehmen anstandslos das übliche Flockenfutter, sind aber für gelegentliche Gaben von Frostfutter sehr dankbar.
ANMERKUNG Die Unterart *H. p. pulcher* ist im oberen Amazonas beheimatet. Die seltener angebotene Unterart *H. p. haraldi* stammt aus dem Bereich des mittleren Amazonas bei Manaus.

Blutsalmler
Hyphessobrycon callistus

GRÖSSE 4 cm
BESCHREIBUNG Am Körper einheitlich rot mit schwarzem Schulterfleck und schwarz in der Rückenflosse und im äußeren Teil der Afterflosse. Weibchen runder und höher.
VORKOMMEN Aus dem südlichen Amazonasbereich und dem Paraguay-Becken.
TEMPERATUR 22–28 °C
PFLEGE Attraktive Schwarmfische, die in der Regel im gut eingerichteten Gesellschaftsbecken gehalten werden können. Allerdings hört man immer wieder von Blutsalmlern, die andere Fische und ihresgleichen anfressen, vermutlich eine Folge einseitiger Ernährung. Das Wasser sollte weich bis mittelhart und möglichst leicht sauer sein. Eine leider nur kurzlebige Art, die selten älter als zwei Jahre wird.
ERNÄHRUNG Abwechslungsreiches Futter, Futterflocken und möglichst auch Lebendfutter.
ANMERKUNG Es gibt eine Reihe ähnlicher, nahe verwandter Formen, deren wissenschaftliche Abgrenzung noch nicht endgültig ist.

Perezsalmler
Hyphessobrycon erythrostigma

GRÖSSE Bis 6 cm, Weibchen bleiben kleiner
BESCHREIBUNG Hochgebauter Salmler mit rotem, etwa augengroßen Fleck hinter dem Brustflossenansatz. Erwachsene Männchen mit auffälliger sichelförmig verlängerter Rückenflosse, die überwiegend schwarz gefärbt ist.
VORKOMMEN Aus Kolumbien und dem oberen Amazonasbecken.
TEMPERATUR 23–28 °C
PFLEGE Ein ruheliebender, friedlicher Schwarmfisch. Sollte auch nur mit anderen ruhigen Arten gehalten werden. Das Wasser sollte möglichst nicht härter als 12 °dGH und leicht sauer sein. Es empfiehlt sich Torffilterung. Die Fische wirken am besten über dunklem Boden.
ERNÄHRUNG Liebt kräftiges Lebendfutter, besonders Mückenlarven; nimmt jedoch auch Kunstfutter.
ZUCHT Schwieriger als die Zucht der meisten anderen Salmler.
ANMERKUNG Anderer Name: Kirschflecksalmler.

Roter vom Rio
Hyphessobrycon flammeus

GRÖSSE Bis 4 cm.
BESCHREIBUNG Hochgebautes, großäugiges Fischchen das vor allem im hinteren Körperbereich wie rosig überhaucht zu sein scheint. Mit zwei undeutlichen dunklen Körperquerstreifen im vorderen Bereich. Die Afterflossen der Männchen sind deutlich rot, die der Weibchen viel heller.
VORKOMMEN Stammt aus dem östlichen Brasilien aus der Umgebung von Rio de Janeiro.
TEMPERATUR 22–28 °C
PFLEGE Einer der ersten Aquarienfischen unter den Salmlern und einer der empfehlenswertesten, auch wenn er etwas aus der Mode gekommen ist. Ein besonders friedlicher Schwarmfisch, der ausgesprochen pflegeleicht ist. Wenngleich er unter schwierigeren Bedingungen leben kann, bevorzugt auch der Rote von Rio weicheres und leicht saures Wasser. Wirkt am besten in dunkleren, gut bepflanzten Aquarien.
ERNÄHRUNG Unproblematischer Allesfresser, der aber natürlich gelegentlich für Lebend- oder Frostfuttergaben dankbar ist.
ZUCHT Einfach, gelingt manchmal auch im dicht bepflanzten Artaquarium.

Schwarzer Neon
Hyphessobrycon herbertaxelrodi

GRÖSSE 4 cm
BESCHREIBUNG Ein relativ schlanker Hyphessobrycon mit auffallendem weißlich leuchtenden Längsstreifen vom oberen Kiemendeckelrand zur oberen Schwanzwurzel. Darunter kontrastreich schwarz, das nach unten hin in Grau übergeht. Oberer Augenrand rot.
VORKOMMEN Aus dem südlichen Brasilien (Mato Grosso).
TEMPERATUR 23–27 °C
PFLEGE Schwarmfische, die fast immer in Bewegung sind. Sie lieben nicht zu helle, stellenweise dicht bepflanzte Becken mit weichem, saurem Wasser (Torffilterung). Als Mitbewohner im Gesellschaftsaquarium eignen sich andere friedliche Salmler, Panzerwelse und *Apistogrammas*.
ERNÄHRUNG Sollte abwechslungsreich gefüttert werden und neben Flockenfutter auch verschiedene Frostfuttersorten und gelegentlich auch Lebendfutter bekommen.

Dreibandsalmler
Hyphessobrycon heterorhabdus

GRÖSSE Etwa 4,5 cm
BESCHREIBUNG Ein schlanker Salmler, dessen typisches Kennzeichen ein Körperlängsband ist, das aus drei Farbzonen besteht. Der oberste Teil des Bandes ist deutlich rot, direkt darunter verläuft ein silbrig helles Band und direkt darunter ein breiteres schwarzes. Die obere Hälfte der Augeniris ist leuchtend rot.
VORKOMMEN Aus dem Rio Tocantins in Brasilien.
TEMPERATUR 23–28 °C
PFLEGE Ein friedlicher Schwarmfisch für das Amazonas-Gesellschaftsaquarium. Bevorzugt wie die meisten *Hyphessobrycon*-Arten weiches, nicht zu hartes Wasser mit leichter Strömung und nicht zu starke Beleuchtung.
ERNÄHRUNG Auch die Dreibandsalmler brauchen abwechslungsreiche Nahrung und sollten gelegentlich auch Lebendfutter bekommen.
ZUCHT Die Vermehrung ist nur in sehr weichem Wasser möglich.

Schmucksalmler
Hyphessobrycon bentosi

GRÖSSE Bis 4,5 cm
BESCHREIBUNG Gedrungen gebaute Salmler mit mehr oder weniger rosafarbenen, gelegentlich sogar kräftig rot gefärbten Körpern. Bauch-, After- und Schwanzflossen weisen oft satte Rottöne auf. Direkt oberhalb des Brustflossenansatzes ein dunkler Fleck, der aber nicht immer deutlich ist. Typisch sind die im äußeren Teil schwarz gefärbten Rückenflossen. Sie sind beim Weibchen weiß gerandet, bei den Männchen dagegen lang sichelartig ausgezogen.
VORKOMMEN Aus dem tropischen Südamerika.
TEMPERATUR 24–28 °C
PFLEGE Die attraktiven Fische sind friedlich und gut für das Gesellschaftsaquarium mit ruhigen Südamerikanern geeignet. Sie bevorzugen leicht strömendes Wasser, das nicht zu hart und leicht sauer sein sollte. Aquarium nicht zu hell und stellenweise gut bepflanzen!
ERNÄHRUNG Nimmt Flockenfutter, gelegentliche Frostfuttergaben empfohlen.
BESONDERES Es sind zwei Unterarten bekannt: *Hyphessobrycon bentosi bentosi* zeigt nur gelegentlich den Schulterfleck und stammt aus dem Amazonasbereich. Die etwas schlankere Unterart *H. b. rosaceus* ist vorwiegend in Guyana und Surinam zu Hause. Der Status von „*robertsi*“, einer besonders prächtig ausgefärbten Form mit besonders großen Rückenflossen (Sichelsalmler), ist noch nicht geklärt.

Zitronensalmler
Hyphessobrycon pulchripinnis

GRÖSSE 4,5 cm
BESCHREIBUNG Gelblich getönter Hyphessobrycon mit besonders schön gefärbter Afterflosse: Sie ist im vorderen Teil sichelartig verlängert und kräftig gelb und insgesamt schwarz gerandet. Der obere Teil der Iris leuchtet knallrot. Der schwarze Rand in der Afterflosse ist beim Männchen besonders deutlich.
VORKOMMEN Aus kleinen, stark verkrauteten Bächen im mittleren Brasilien.
TEMPERATUR 23–28 °C
PFLEGE Ein schwimmlustiger, friedlicher Schwarmfisch, der wie die allermeisten südamerikanischen Salmler weiches und saures Wasser vorzieht. Gut mit anderen friedlichen Südamerikanern zu halten. Wirkt aber nur in Becken mit gedämpftem Licht! In zu hartem Wasser und bei grellem Licht farblos und wenig attraktiv. Bei guter Pflege empfehlenswert und ausdauernd.
ERNÄHRUNG Nimmt gern auch Flockenfutter, keine besonderen Ansprüche. Offenbar ist die Ausfärbung von der Zusammensetzung des Futters abhängig (Farbfutter!).
ANMERKUNG Wird gelegentlich in Übersetzung des wissenschaftlichen Namens auch als Schönflossensalmler bezeichnet.

Schwarzer Phantomsalmler
Megalamphodus megalamphodus

GRÖSSE Bis 4,5 cm
BESCHREIBUNG Hochgebaute, relativ großäugige Fische mit auffallend großen Rücken- und Afterflossen. Die graue bis schwarze Grundfärbung ist nicht nur geschlechts- und stimmungsabhängig, sie ist auch altersbedingt. Im Alter lässt sie nach. Für beide Geschlechter ist ein großer schwarzer Schulterfleck typisch, der außen von einer hellen Zone umgeben ist. Die Flossen der erwachsenen Männchen sind wesentlich großflächiger als die der Weibchen.
VORKOMMEN Stammt aus dem Einzugsgebiet des Rio Guapore in Zentralbrasilien.
TEMPERATUR 22–27 °C.
PFLEGE Eine pflegeleichte, sehr empfehlenswerte Art für das Gesellschaftsaquarium mit anderen friedlichen Fischen. Immer im Schwarm halten! Besonders das Balzverhalten der Männchen ist eindrucksvoll, ist aber letztlich immer harmlos. Kann auch in mittelhartem, neutralen Wasser gehalten werden, liebt aber die Möglichkeit, sich zwischen Pflanzen unterzustellen. Liebt auch die Deckung von Schwimmpflanzen.
ERNÄHRUNG Flockenfutter, gelegentlich Gaben von Frostfutter.

Roter Phantomsalmler
Megalamphodus sweglesi

GRÖSSE Etwa bis 4 cm
BESCHREIBUNG Gedrungen gebauter Fisch mit gelb-rötlicher Grundfärbung, mit einem etwas kleineren Schulterfleck als beim Schwarzen Phantomsalmler. Auch die Flossen ausgewachsener Männchen sind beim Roten Phantomsalmler kleiner. Die Rückenflossen der Weibchen sind auffallend mehrfarbig rot, schwarz und weiß.
VORKOMMEN Aus dem nördlichen Südamerika
TEMPERATUR 20–24 °C
PFLEGE Empfehlenswert, aber wesentlich empfindlicher als der Schwarze Phantomsalmler. Braucht weiches, saures Wasser und vor allem relativ niedrige Temperaturen. Wichtig: der regelmäßige Teilwasserwechsel. Als Mitfische eignen sich andere ruhige Salmler, Zwergbuntbarsche und kleine Panzerwelse. Phantomsalmler sollten immer im Schwarm gehalten werden!
ERNÄHRUNG Möglichst abwechslungsreich und neben Flockenfutter auch feines Lebendfutter oder Frostfutter.

Brillantsalmler
Moenkhausia pittieri

GRÖSSE Bis 6 cm
BESCHREIBUNG Nur auf den ersten Blick unscheinbarer Fisch mit grauer Grundfarbe. Ausgewachsene Männchen haben fahnenartig lang ausgezogene Rückenflossen und einige Körperschuppen glänzen wie Brillantsplitter (Name!). Der obere Irisrand leuchtet kräftig rot.
VORKOMMEN Aus dem See Valencia in Venezuela und der näheren Umgebung
TEMPERATUR 24–28 °C.
PFLEGE Interessanter Schwarmfisch, der aber ausreichend Schwimmraum braucht und einige Ansprüche an das Wasser stellt: Es sollte weich und sauer sein und vor allem regelmäßig gewechselt werden. Torffilterung ist zu empfehlen. Friedlich gegenüber seinesgleichen und anderen Fischen. Wirkt aber nur in einem gut bepflanzten Aquarium mit gedämpftem Licht.
ERNÄHRUNG Lebendfutter und Flockenfutter.
ANMERKUNG Richtig prächtig sehen die Diamantsalmler erst aus, wenn sie fast ausgewachsen sind.

Kaisersalmler
Nematobrycon palmeri

GRÖSSE Bis 5,5 cm
BESCHREIBUNG Körper blaugrün irisierend, Färbung vom Lichteinfall abhängig. Untere Körperhälfte dunkel. Auge leuchtend blaugrün. Schwanzflosse mit verlängerten Mittelstrahlen, besonders beim Männchen. Weibchen kleiner.
VORKOMMEN Aus dem Rio San Juan und seinen Nebenflüssen in Kolumbien.
TEMPERATUR 23–27 °C
PFLEGE Eine Ruhe liebende Salmlerart, die im Hinblick auf die Wasserwerte relativ anspruchslos und hart ist. Kein typischer Schwarmfisch, die Männchen sind untereinander oft unverträglich und bilden in größeren Aquarien gern Reviere. Aus diesem Grund ist beim Kaisersalmler paarweise Haltung durchaus sinnvoll und möglich. Auch gegen andere Fische sind diese Salmler gelegentlich unduldsam. Sie sind daher für das typische Gesellschaftsaquarium nur bedingt zu empfehlen. Bei guter Pflege sehr ausdauernde Art.
ERNÄHRUNG Flockenfutter, gelegentlich auch dankbar für Frostfutter.

Rotaugen-Moenkhausia
Moenkhausia sanctaefilomenae

GRÖSSE Bis 6 cm
BESCHREIBUNG Körper relativ hoch, stark silberglänzend. Schwanzbasis mit breitem schwarzem Querband, davor eine kleine gelbliche Zone. Der obere Irisrand ist blutrot. Die Weibchen sind fülliger.
VORKOMMEN Beheimatet im südlichen Teil des Amazonasbeckens und im Einzugsbereich des Rio Paraguay.
TEMPERATUR 22–27 °C
PFLEGE Wegen seiner Erscheinung und seiner Anspruchslosigkeit einer der beliebtesten Aquarienfische. Kommt auch in leicht basischem und härterem Wasser gut zurecht. Sollte immer im Schwarm gehalten werden. Unproblematisch auch in der Vergesellschaftung.
ERNÄHRUNG Nimmt anstandslos Flockenfutter jeder Art.
ZUCHT Zur Vermehrung bringt man auch diese Salmler in weichem, leicht saurem Wasser unter. Freilaicher, der gern zwischen den Wurzeln von Schwimmpflanzen oder an grüner Perlonwatte ablaicht. Laichräuber! Aufzucht der Jungen mit feinstem Staubfutter.

Roter Neon
Cheirodon axelrodi

GRÖSSE 4 cm
BESCHREIBUNG Ähnelt sehr dem Neonsalmler. Im Unterschied zu diesem Fischchen erstreckt sich beim Roten Neonsalmler die Rotfärbung auf weiteste Teile der Unterseite bis hin zur Kehle, lediglich eine kleine Bauchpartie bleibt silbrig. Die Männchen sind deutlich schlanker als die etwas größer werdenden Weibchen.
VORKOMMEN Verbreitet in weiten Teilen des Amazonasbeckens und im Bereich des Orinoco.
TEMPERATUR 23–27 °C
PFLEGE Empfehlenswert für das Amazonas-Gesellschaftsaquarium mit anderen friedlichen Fischen der entsprechenden Größe. Nur im, nach Möglichkeit, großen Schwarm halten! Braucht gedämpftes Licht und zumindest stellenweise dichtere Bepflanzung. Vorzugsweise weiches oder nur mittelhartes Wasser. Empfindlicher als *Paracheirodon innesi* im Hinblick auf die chemischen Wasserwerte. Auch wenn sie vielfach relativ hartes Wasser kurzfristig ertragen, sterben sie nach einigen Monaten an Nierenversagen. Bei guten Wasserbedingungen und regelmäßigem Teilwasserwechsel ausdauernd.
ERNÄHRUNG Nimmt Flockenfutter, feines Lebendfutter und Frostfutter.
ANMERKUNG Zucht in sehr weichem, sehr saurem Wasser möglich. Die meisten Tiere im Handel sind aber Wildfänge aus dem Bereich des Rio Negro.

Neonsalmler
Paracheirodon innesi

GRÖSSE 4 cm
BESCHREIBUNG Großäugiges, farbenprächtiges Fischchen: Vom Auge zieht sich schräg zur Fettflosse ein hellblau irisierendes Band. Auch die Iris des Auges ist leuchtend hellblau. Unterhalb des blauen Bandes im Bereich des Schwanzstiels ein breites blutrotes Band. Die Männchen sind wesentlich schlanker als die größeren Weibchen, mit ihrer deutlich gerundeten Bauchlinie.
VORKOMMEN Stammt vom Oberlauf des Amazonas aus Brasilien und Peru.
TEMPERATUR 20–24 °C. Achtung: Die Temperatur sollte wirklich nicht höher sein!
PFLEGE Ein friedliches, ideal für ein Gesellschaftsaquarium geeignetes Fischchen, das nur im Schwarm gehalten werden sollte; je größer der Schwarm, desto besser für die Fische und für unser Auge! Vorsicht vor zu großen Beifischen, die Neons als Futter ansehen könnten (Segelflosser!). Das Wasser ist im Idealfall weich und sauer, jedoch vertragen eingewöhnte Neonfische auch ungünstigere Verhältnisse. Gute Bepflanzung, ein nicht zu heller Bodengrund und ein regelmäßiger Wasserwechsel sind allerdings nötig. Dann können Neonfische bis zu 10 Jahren alt werden. Empfindlich gegen die „Neonkrankheit“ Plistophora.
ERNÄHRUNG Flockenfutter.
ZUCHT Eine Sache für Spezialisten: Neons brauchen zur Zucht sehr sauberes, nicht zu warmes Wasser. Es sollte sehr weich (1 bis 2 °dGH) und sehr sauer (pH 5 bis 6) sein.

Sternflecksalmler
Pristella maxillaris

GRÖSSE 4,5 cm
BESCHREIBUNG Ein relativ hoch gebauter Fisch, zart gelbgrün mit dunklem Schulterfleck. Rücken- und Afterflosse kräftig gelb mit großem tiefschwarzem Fleck und weißlichem Rand. Schwanzflosse rötlich. Weibchen deutlich kräftiger und etwas größer.
VORKOMMEN Vom unteren Amazonas, aus Guayana und Venezuela.
TEMPERATUR 24–28 °C
PFLEGE Ein sehr empfehlenswertes Fischen, da sehr anspruchslos und schön. Ein friedlicher Schwarmfisch, der sich für das Südamerika-Gesellschaftsaquarium ausgezeichnet empfiehlt. Auch wenn er an das Wasser keine besonderen Bedingungen stellt, zeigt er seine ansprechenden Farben nur in weicherem Wasser. Besonders gut wirken die Fische bei gedämpftem Licht über dunklem Bodengrund.
ERNÄHRUNG Nimmt anstandslos alles Flockenfutter.
ANMERKUNG War früher unter dem Namen Pristella riddlei bekannt. Zutreffend ist auch der heute wenig gebräuchliche Name „Wasserstieglitz“.

Schrägschwimmer
Thayeria boehlkei

GRÖSSE Bis 8 cm
BESCHREIBUNG Mit gestrecktem, seitlich zusammengedrücktem Körper, der untere Schwanzflossenlappen ist vergrößert. Wie der deutsche Name ausdrückt, stehen die Tiere oft mit den Flossen zuckend schräg im Wasser, mit dem Kopf nach oben. Silbrig mit auffallendem schwarzen Längsband, das sich bis an das Ende des unteren Schwanzflossenlappens hinzieht. Die Weibchen sind ein bisschen kräftiger und etwas größer.
VORKOMMEN Ist im größten Teil des Amazonasgebietes weit verbreitet.
TEMPERATUR 22–28 °C
PFLEGE Ein sehr friedlicher Schwarmfisch, ideal für jedes Gesellschaftsbecken. Recht anspruchslos im Hinblick auf die Wasserhärte. Wegen seiner Nitritempfindlichkeit ist aber ein regelmäßiger Teilwasserwechsel sehr wichtig.
ERNÄHRUNG Nimmt ohne Schwierigkeiten Flockenfutter.
ANMERKUNG Ähnlich im Aussehen und in der Haltung ist der Pinguinsalmler *Thayeria obliqua*. Auch dieser Schrägschwimmer hat den schwarzen unteren Schwanzflossenlappen. Nach vorne hin verläuft sich der Streifen aber bereits unter der Rückenflosse.

Kongosalmler
Phenacogrammus interruptus

GRÖSSE Bis 8,5 cm, die Weibchen bleiben mit maximal 6 cm Körperlänge kleiner.
BESCHREIBUNG Mit auffallend großen Schuppen. Prächtiger Fisch, der je nach Lichteinfall grün, golden oder blau schimmert. Flossen rauchgrau, teilweise weiß gesäumt. Der Mittelteil der Schwanzflosse ist bei den Männchen zipfelartig verlängert.
VORKOMMEN Aus dem Stromgebiet des Kongo (Zaire).
TEMPERATUR 24–27 °C
PFLEGE Ein schwimmfreudiger Schwarmfisch, der in Becken ab etwa 1 m Länge in mindestens 6 Exemplaren gehalten werden sollte. Das Wasser sollte leicht sauer, die Härte nicht über 18 °dGH sein, besser niedriger. Ein regelmäßiger Teilwasserwechsel ist wichtig. Etwas scheu, daher nicht mit zu lebhaften Beifischen halten! Braucht neben ausreichend freiem Schwimmraum auch Versteckplätze (dichte Pflanzen). Vergreift sich gelegentlich an zarten Wasserpflanzen! Daher nicht immer unproblematisch!
ERNÄHRUNG Grobes Flockenfutter, Lebendfutter, Frostfutter.

Marmorierter Beilbauch
Carnegiella strigata

GRÖSSE Bis 4,5 cm
BESCHREIBUNG Mit fast gerader Rückenlinie und tief ausgebuchtetem Brustteil und großen, flügelartigen Brustflossen. Seitlich stark zusammengedrückt, Rückenflosse nach hinten versetzt. Mit dunklem Körperlängsstreifen und schräg nach hinten verlaufenden Streifen im unteren Körperbereich.
VORKOMMEN Im mittleren Südamerika.
TEMPERATUR 24–29 °C
PFLEGE Nicht einfach, denn die Fische verlangen weiches, saures und sauberes, ziemlich stark strömendes Wasser. Zur Vergesellschaftung eignen sich nur sehr friedliche Arten, die bevorzugt in den unteren Bodenschichten leben (Zwergbuntbarsche, kleine Panzerwelse). Immer im Schwarm zu fünft (oder besser mehr!) halten. Becken gut abdecken! Sehr anfällig gegen *Ichthyophtirius*, die Pünktchenkrankheit.
ERNÄHRUNG Lebendfutter, besonders Mückenlarven, Essigfliegen, Flohkrebse. Trockenfutter reicht auf Dauer nicht.
BESONDERES Der ausgefallene Körperbau hängt mit einer faszinierenden Fähigkeit zusammen: Beilbauchfische schnellen sich aus dem Wasser heraus und sind in der Lage, mit schwirrenden Bewegungen ihrer Brustflossen zu fliegen! Es gibt zwei Unterarten, die sich aber nur in der Anordnung des Streifenmusters unterscheiden.

Prachtkopfsteher
Anostomus anostomus

GRÖSSE Bis 18 cm
BESCHREIBUNG Spindelförmiger Körper, mit kleiner, oberständiger Maulspalte. Die Fische haben auf jeder Seite drei breite schwarze Längsstreifen auf gelbem Grund. Die Flossen sind stellenweise rot getönt, besonders die Schwanzflosse am Ansatz. Typischerweise stehen sie mit dem Kopf schräg nach unten. Weibchen deutlich fülliger und größer als die Männchen.
VORKOMMEN Im Amazonasgebiet weit verbreitet.
TEMPERATUR 22–28 °.
PFLEGE Der Größe entsprechend werden größere Aquarien gebraucht, wenn man die Fische im Schwarm halten will. Dann sollten es aber sieben oder mehr Tiere sein, da es sonst leicht zu nachhaltigen Raufereien und Verletzungen kommen kann. Besser ist paarweise Haltung. Friedlich gegenüber anderen Mitbewohnern, Vorsicht jedoch bei Segelflossern und Diskus, die sie abweiden und dabei verletzen, unter Umständen umbringen. Wasseransprüche nicht groß, bevorzugen aber natürlich weicheres und leicht saures, strömendes Wasser.
ERNÄHRUNG Gern wird am Algenaufwuchs geknabbert. Daneben nehmen die Fische Flockenfutter (bevorzugt mit hohem Pflanzenkost-Anteil), Lebendfutter, gern auch gebrühten Salat.

Blinder Höhlensalmler
Anoptichthys jordani

GRÖSSE Bis zu 9 cm
BESCHREIBUNG Weißlich-farbloser Salmler, der nur durch das durchschimmernde Blut etwas rosafarben erscheint. Die Augen der erwachsenen Fische sind vollständig zugewachsen.
VORKOMMEN In Zentralmexiko bei Ciudad Valles in dem Kalkstein-Höhlensystem Cueva Chica.
TEMPERATUR 15–26 °C
PFLEGE Ideale Fische für ein speziell eingerichtetes Artenbecken ohne Pflanzen. Man sollte versuchen ein Höhlen-Biotop-Aquarium zu gestalten! Zur Dekoration also nur Kalkgestein und nur eine möglichst schwache Beleuchtung! Der pH Wert des Wassers sollte bei 7,5 bis 8 liegen. Die bewegungsfreudigen Fische sind nicht sauerstoffbedürftig. Höhlensalmler wirken nur im Schwarm mit Artgenossen und fühlen sich auch nur dann wohl. Auf andere Beifische verzichten! Ihr hoch entwickelte Seitenliniensystem und ihr Geruchssinn dienen zur Orientierung und führen sie zum Futter. Sie nehmen Trockenfutter, sehr gern auch Tubifex.
ZUCHT Einfach, da der Laich sehr unempfindlich ist. Allerdings sind die Eltern und die anderen Beckenbewohner arge Laichräuber! Die Jungfische haben in den ersten Lebenstagen noch voll funktionsfähige Augen und nehmen nach dem Freischwimmen zerquetschte Tubifex und fein geriebenes Flockenfutter!

Spritzsalmler
Copella arnoldi

GRÖSSE Männchen bis 8 cm, Weibchen bis maximal 6 cm Körperlänge.
BESCHREIBUNG Hellbräunlich gefärbte, lang gestreckte Fischchen mit deutlich verlängerten oberen Schwanzflossenzipfeln. Ein kleiner schwarzer Streifen verläuft vom Augenvorderrand zur Maulspitze; typische Schwarzzeichnung in der Rückenflosse.
VORKOMMEN Aus dem unteren Amazonasbereich, oft im Überschwemmungsgebiet in Tümpeln.
TEMPERATUR 25–29 °C
PFLEGE Ein sehr friedlicher Fisch, der im Schwarm, aber auch paarweise gehalten werden kann. Hält sich gut auch in mittelhartem Wasser.
ERNÄHRUNG Nimmt Flockenfutter, gern aber auch kleines Lebendfutter.
ZUCHT Das Fortpflanzungsverhalten der Spritzsalmler ist einmalig und kann auch im Heimaquarium beobachtet werden (Artbecken!). Das Paar springt zum Ablaichen aus dem Wasser um an der Deckscheibe – im Freiwasser an einem über dem Wasserspiegel hängenden Pflanzenblatt! – abzulaichen. Das Gelege bleibt an der (evtl. vorher etwas angerauten) Scheibe haften. Das Männchen bewacht die Brut und hält das Gelege feucht, indem es immer wieder die Eier mit gezielten Schwanzflossenschlägen anspritzt! Die nach knapp 30 Stunden geschlüpften Larven werden auf diesem Wege auch ins Wasser geschwemmt.

Spitzmaulziersalmler
Nannobrycon eques

GRÖSSE Bis 5 cm
BESCHREIBUNG Die oft auch als Schrägsteher bezeichneten Fischchen stehen gern mit dem Kopf schräg nach oben gerichtet im Wasser. Hellgraubraun mit fünf dunklen Fleckenlängsreihen auf dem Rücken. Auffallender ist eine schwarze, hinten dunkelweinrote Längsbinde, die von der Schnauze bis in den unteren Schwanzflossenlappen zieht und diesen ausfüllt. Afterflosse rot mit bläulich-weißem Saum. Bei Dunkelheit ändert sich das Farbmuster total: Die Längsbinde verschwindet und wird durch zwei schräge, dunkle Querbinden ersetzt.
VORKOMMEN Mittleres Amazonasgebiet und Einzugsbereich des Rio Negro im Uferbereich kleiner, verkrauteter Gewässer.
TEMPERATUR 23–28 °C
PFLEGE Im Hinblick auf die Wasserverhältnisse nicht sonderlich empfindlich, wenn man nicht gerade züchten will. Brauchen aber Ruhe und dicht bepflanzte Zonen. In Gesellschaftsaquarien besteht die Gefahr, dass die zierlichen Fische bei der Fütterung zu kurz kommen.
ERNÄHRUNG Feines Lebendfutter, feines Trockenfutter.
ANMERKUNG Ein wenig robuster ist *Nannobrycon unifasciatus*; sehr ähnlich der vorigen Art, aber mit ungezeichnetem Rücken und etwas langgestreckter.

Längsbandziersalmler
Nannostomus beckfordi

GRÖSSE Bis 6 cm.
BESCHREIBUNG Eine variable Art; die Fettflosse fehlt. Auf mehr oder weniger rötlichem Grund eine kräftige schwarze Längsbinde, die an der Schnauzenspitze beginnt und in der unteren Hälfte der Schwanzwurzel endet. Die rötliche bzw. rote Grundfärbung ist vom Geschlecht, vom Alter und von der Stimmung, vor allem von der Herkunft abhängig. Besonders farbenprächtig ist die von der Insel Aripiranga stammende Lokalrasse, der Aripiranga-Ziersalmler.
VORKOMMEN Verbreitet im mittleren und nordöstlichen Teil von Südamerika.
TEMPERATUR 24–26 °C
PFLEGE Ausgezeichnet für die Pflege in einem nicht zu lebhaften Südamerika-Gesellschaftsaquarium geeignet. Ein harmloser, recht ruhiger Schwarmfisch, der keine übertriebenen Ansprüche an das Wasser stellt. Auch in schwach basischem und mittelhartem Wasser noch gut zu halten.
ERNÄHRUNG Flockenfutter ist in der Regel ausreichend.
ANMERKUNG Auch diese Fische zeigen eine typische Nachtfärbung.

Zwergziersalmler
Nannostomus marginatus

GRÖSSE Bis 3,5 cm
BESCHREIBUNG Ein ansprechender kleiner Fisch: Auf gelblichem Grund drei schwarze Körperlängsbinden. Die Rücken-, Bauch- und Afterflossen sind rot gefärbt. Eine Fettflosse fehlt. Die Weibchen haben einen deutlich runderen Körper.
VORKOMMEN Surinam und Guyana
TEMPERATUR 24–26 °C
PFLEGE Das kleine, sehr friedliche und etwas schüchterne Fischchen ist nicht für das große Gesellschaftsaquarium geeignet. Dagegen ist gegen eine Vergesellschaftung mit anderen kleinen und gleichermaßen friedfertigen Fischen nichts auszusetzen, denn trotz ihrer geringen Größe sind die Zwergziersalmler anspruchslos und recht unempfindlich. Natürlich bevorzugt auch diese Art weiches Wasser und liebt zumindest teilweise dichte Bepflanzung.
ERNÄHRUNG Feines Flockenfutter und kleines Lebendfutter (Artemien!).

Prachtschmerle
Botia macracantha

GRÖSSE Bis 15 cm, im Freiwasser sogar bis 30 cm.
BESCHREIBUNG Dekorativer Fisch: auf gelblichem Grund mit drei kräftigen schwarzen Querstreifen. Die Rückenflosse und die Afterflosse sind in weiten Teilen ebenfalls schwarz, die übrigen Flossen dagegen rot.
VORKOMMEN Aus fließenden und stehenden Gewässern der indonesischen Inseln Sumatra und Borneo.
TEMPERATUR 25–29 °C
PFLEGE Kein Gesellschafter für ruhebedürftige Fische! Die Fische sollten deshalb Unterstände aus Wurzeln oder entsprechende Höhlen bekommen; auch teilweise Pflanzendickichte. Da die Fische gern im Boden wühlen, sollten die Pflanzen durch Steine gut verankert werden. Das Aquarium für Prachtschmerlen muss ausreichend groß sein (nicht unter 1 m Seitenlänge). Fließendes, nicht zu hartes Wasser. Regelmäßiger Wasserwechsel ist angesagt. Empfindlich gegen *Ichthyophtirius*, die Pünktchen-Krankheit.
ERNÄHRUNG Allesfresser, die Flockenfutter (gern auch auf Pflanzenbasis) und Frostfutter nehmen.
BESONDERES Wie auch andere Schmerlen können Prachtschmerlen knackende Geräusche von sich geben.

Schachbrettschmerle
Botia sidthimunki

GRÖSSE Etwa 3 cm
BESCHREIBUNG Eine schlanke, kleine Schmerle mit hoch gebautem Schwanzstiel. Auf hellem Grund ein aus schwarzen Flecken zusammengesetzter Körperlängsstreifen. Im Rückenbereich ein entsprechender Streifen. Die Flecken sind untereinander verbunden, so dass ein schachbrettartiges Muster entsteht
VORKOMMEN Aus kleinen Gewässern im Norden Thailands
TEMPERATUR 25–28 °C
PFLEGE Ein lebhafter, friedlicher Fisch, den man im kleinen Schwarm halten sollte. Die schwimmfreudigen Fische zeigen sich gern auch tagsüber. Gut zusammen mit kleinen *Rasboras* unterzubringen. Weiches, leicht saures Wasser, regelmäßiger Teilwasserwechsel! Sandiger Bodengrund, stellenweise auch dichtere Bepflanzung.
ERNÄHRUNG Ein Allesfresser, der gut mit den verschiedensten gängigen Futtersorten zurecht kommt.
BESONDERES Die kleinste bekannte Schmerle. Sie wird daher gern auch als Zwergschmerle bezeichnet. Ist leider oft nur schwer zu bekommen.

Siamesische Saugschmerle
Gyrinocheilus aymonieri

GRÖSSE Wird in der Natur bis 25 cm lang, die langsam wüchsigen Fische bleiben im Aquarium aber wesentlich kleiner.
BESCHREIBUNG Lang gestreckter, niedrig gebauter Fisch mit unterständigem Maul. Die breiten Lippen sind mit Raspelfalten versehen, die zum Abweiden von Algenrasen dienen. Zeichnung und Färbung sehr variabel.
VORKOMMEN Fließgewässer in Thailand und Laos.
TEMPERATUR 24–28 °C
PFLEGE Eine sehr anspruchslose Art, die keine besonderen Ansprüche an das Wasser hat. Sie liebt veralgte Aquarien und die Möglichkeit, hier unter Wurzeln und zwischen Pflanzen Ruhe zu finden. Speziell jüngere Tiere sind aber viel unterwegs, um die Algenrasen abzuweiden. Langlebig. Gegen Artgenossen leicht aggressiv, daher am besten Einzelhaltung. Anderen Fischen gegenüber zumeist friedlich, aber es gibt auch hier traurige Ausnahmen.
ERNÄHRUNG Die Fische sind spezialisierte Aufwuchsfresser und lieben daher Algennahrung. Daneben nehmen sie mit zunehmendem Alter gern auch Flockenfutter, speziell dann, wenn es zum großen Teil auf Pflanzlicher Basis hergestellt wurde.
ANMERKUNG Ein fast noch besserer Algenvernichter ist im Aquarium die Siamesische Rüsselbarbe *(Epalzeorhynchus siamensis)*.

Geflecktes Dornauge
Acanthophthalmus kuhlii

GRÖSSE Bis 12 cm
BESCHREIBUNG Wurmartig lang gestreckte Fischchen mit kleinem Kopf. Auf dunkelbraunem Grund mehrere gelbe Körperquerstreifen. Unter den Augen jeweils zweispitzige Dornen.
VORKOMMEN Hinter- und Inselindien.
TEMPERATUR 24– 30 °C
PFLEGE Nachtaktive Tiere, die sich tagsüber gern im weichen Bodengrund vergraben. Ausdauernd, wenn sie bei der Fütterung nicht zu kurz kommen. Sie wünschen sich weiches und leicht saures Wasser.
ERNÄHRUNG Vorzugsweise Lebendfutter, nehmen aber auch andere Futtersorten. Leicht kommen Dornaugen bei der Fütterung zu kurz, da die anderen Fische ihnen nichts übrig lassen. Daher sollten sie abends nach dem Ausschalten der Beleuchtung noch gesondert gefüttert werden.
WEITERES Es gibt aus bestimmten Gegenden des Verbreitungsgebiets unterschiedlich gemusterte Unterarten. Im Verhalten und in der Pflege unterscheiden sie sich aber nicht. Entsprechendes gilt auch für die anderen Dornaugen-Arten wie *A. semicinctus* und *A. shelfordi*. Wegen ihrer ausgefallenen, wurmartigen Gestalt werden Dornaugen gern gekauft. Sie sind jedoch aufgrund ihrer sehr versteckten Lebensweise keine Fische, die mit gutem Gewissen empfohlen werden können.

Metallpanzerwels
Corydoras aeneus

GRÖSSE Bis 7 cm
BESCHREIBUNG Die beigefarbenen Welse schimmern metallisch bläulich oder grün. Vom Auge verläuft oft bogig ein gold glänzender heller Seitenstreifen. Bauch hellbraun, Flossen weitgehend farblos. Weibchen größer und fülliger als die Männchen.
VORKOMMEN Häufig in großen Teilen Amazoniens, auch auf Trinidad und im La Plata. In kleineren, langsam fließenden Gewässern.
TEMPERATUR 18–28 °C
PFLEGE Keine besonderen Ansprüche an die Wasserzusammensetzung. Panzerwelse brauchen weichen Sandgrund, zumindest stellenweise. Sie sind leicht mit anderen friedlichen Fischen zu vergesellschaften. Tagaktiv! Im Trupp mit Artgenossen pflegen, im 100-Liter-Aquarium 5 bis 6 Tiere.
ERNÄHRUNG Vergleichsweise anspruchslos, Trockenfutter und Frostfutter reichen
ZUCHT Vergleichsweise leicht .

Panda-Panzerwels
Corydoras panda

GRÖSSE Bis 5 cm
BESCHREIBUNG Gedrungener Panzerwels. Grundfarbe beige. Über den Augen ein tiefschwarzer Streifen. Etwa gleich große Flecken in der Rückenflosse und am Schwanzstiel. Weibchen größer und gedrungener als die Männchen.
VORKOMMEN Im peruanischen Amazonas-Tiefland im Bereich des Rio Ucayali.
TEMPERATUR 20–24 °C
PFLEGE In gut gefiltertem Becken einfach. Brauchen wie alle Panzerwelse zumindest stellenweise sandigen Bodengrund zum Wühlen. Pflanzenfreundlich und völlig friedfertig. Im Trupp pflegen! Empfehlung für ein 100-Liter-Aquarium: mindestens fünf Tiere, besser mehr.
ERNÄHRUNG Keine gehobenen Ansprüche an das Futter, gerne auch Tubifex.
ZUCHT Relativ unproblematisch, allerdings nicht sonderlich produktiv.

Marmorierter Panzerwels
Corydoras paleatus

GRÖSSE Bis 7 cm
BESCHREIBUNG Panzerwels mit bräunlicher Grundfärbung mit unregelmäßigen helleren und dunkleren Flecken. Auch in den unpaaren Flossen wiederholt sich das Fleckenmuster. Weibchen deutlich größer und fülliger als die Männchen.
VORKOMMEN In Südostbrasilien und im Bereich des La Plata
TEMPERATUR 18–25 °C
PFLEGE Anspruchsloser, tagaktiver Wels. Pflege der lebhaften, aber völlig harmlosen Welse im kleinen Trupp mit Artgenossen (mindestens fünf Tiere im 100-Liter-Becken). Wichtig: weicher Sandgrund, zumindest stellenweise. Ideal für ein gut bepflanztes Gesellschaftsaquarium mit südamerikanischen Salmlern.
ERNÄHRUNG Trockenfutter und gelegentlich Frostfutter reichen.
BESONDERES Laicht oft schon im Gesellschaftsbecken. Gelegentlich werden im Handel albinotische Panzerwelse (Weißlinge mit roten Augen) angeboten

Antennen-Harnischwelse
Ancistrus spec.

GRÖSSE Bis 15 cm
BESCHREIBUNG Saugwels, Körper braun mit unregelmäßigen dunkleren Flecken. Plumpe Erscheinung. Breiter Kopf; erwachsene Männchen am Oberkopf mit verzweigten antennenartigen Fortsätzen.
VORKOMMEN In Südamerika weitverbreitet, sowohl in schnellfließenden wie auch in fast stillstehenden Gewässern.
TEMPERATUR 20–28 °C
PFLEGE Sehr anspruchsloser, ausdauernder Wels, der Höhlen braucht und Holzwurzeln. Wichtig ist Wasserströmung, also ein Filter! Absolut friedlich gegenüber anderen Fischen, Männchen untereinander aggressiv.
ERNÄHRUNG Braucht pflanzliche Nahrung (z. B. gelegentlich gebrühter Salat), Tablettenfutter.
ZUCHT Relativ unproblematisch. Sie ist selbst im Gesellschaftsaquarium möglich, wenn man das brutpflegende Männchen nach der Eiablage mit der Brutröhre und dem Laich in ein gesondertes Becken überführt.
BESONDERES Die Artzuordnung der meisten Antennen-Harnischwelse ist schwierig, oft werden sie als *„Ancistrus dolichopterus“* bezeichnet.

Bratpfannenwels
Dysichthys coracoideus

GRÖSSE Bis 15 cm lang
BESCHREIBUNG Skurril geformter Fisch mit sehr breitem, verknöchertem Kopf und entsprechend breitem Maul. Färbung bräunlich mit dunkelbraunen Flecken.
VORKOMMEN Nur langsam fließende Regenwaldbäche in Amazonien, vorwiegend im dicht mit Laub bedeckten Uferbereich zwischen den Blättern („Laubwels").
TEMPERATUR 23–27 °C
PFLEGE Keine besonderen Ansprüche an das Wasser; aber leichte Filterung oder Durchlüftung ist trotzdem angebracht. Da die Fische fast ganztägig ruhig im Versteck liegen, bringt man sie am besten in einem Spezialaquarium unter. In Gemeinschaft von Hummelwelsen und Corydoras auch tagsüber aktiv, jedenfalls bei der Fütterung.
ERNÄHRUNG Vorzugsweise grobes Futter am Boden. Sehr gerne Tubifex, aber auch größere Regenwürmer! Kleine Mitfische, die sich nachts in Bodennähe aufhalten, werden gefressen!
ZUCHT Ist bereits gelungen. Hierzu weiches, leicht saures Wasser.
BESONDERES Vorsicht beim Hantieren mit Bratpfannenwelsen. Sie können mit ihren Brustflossenstacheln unangenehme Verletzungen verursachen!

Störwelse
Sturisoma-Arten

GRÖSSE Bis 30 cm
BESCHREIBUNG Attraktive, bräunliche Saugwelse mit schlankem, sehr langem Schwanzstiel und vergrößerten Brust- und Rückenflossen. Breiter Kopf mit spitzem „Nasenfortsatz" (Rostrum). 15 Arten, die nicht immer leicht voneinander zu unterscheiden sind.
VORKOMMEN In Südamerika in schnell fließenden Gewässern.
TEMPERATUR Je nach Art 20–26 °C
PFLEGE Sturisoma-Arten benötigen ein großes Aquarium (Beckenlänge mindestens 1 m!), leicht saures, weiches Wasser, starke Wasserströmung (Filter). Es empfiehlt sich für das Algenwachstum eine gute Beleuchtung. Nur ruhige Beifische (z. B. Zwergcichliden). Trotz der Größe sind es besonders friedliebende Saugwelse, die sich auch tagsüber zeigen.
ERNÄHRUNG Braucht pflanzliche Nahrung, Algen, Salat, zerquetschte Erbsen, Tablettenfutter.
ZUCHT Einige Arten werden regelmäßig nachgezogen.

Streifen-Harnischwels
Panaque nigrolineatus

GRÖSSE In der Natur bis 60 cm, im Aquarium selten bis 25 cm
BESCHREIBUNG Sehr attraktiver Saugwels, daher auch als „Royal“-Harnischwels bezeichnet! Hochrückig. An den Körperseiten ca. 8 schwärzliche Streifen auf hellem Grund. Streifen und Zwischenstreifen etwa gleichbreit. Bei jüngeren Tieren Iris und Irislappen kupferrot.
VORKOMMEN Venezuela, Kolumbien, Ecuador, bevorzugt in schnellfließenden, relativ kühlen Gebirgsbächen.
TEMPERATUR 21–25 °C
PFLEGE Möglichst großes Aquarium. Nicht empfindlich im Hinblick auf die Wasserwerte, braucht aber sauerstoffreiches, stark bewegtes Wasser (leistungsfähiger Filter!). Sein scharfes Raspelmaul toleriert nur hartblättrige Pflanzen! Auch Kabel und Schläuche sind gefährdet! Holzunterstände (auch zum Abraspeln) sind besonders wichtig. Anderen Fischen gegenüber harmlos.
ERNÄHRUNG Algenfresser, der im Hinblick auf das Futter anspruchslos ist, gebrühter Salat, Gurkenscheiben, Futtertabletten.
ANMERKUNG Der dunkel gefärbte Blauaugenharnischwels *Panaque suttoni* ist in Haltung und Pflege vergleichbar, wenngleich etwas weniger anspruchsvoll.

Gefleckter Kaktuswels
Pseudacanthicus leopardus

GRÖSSE Ca. 30 cm
BESCHREIBUNG Die ersten Flossenstrahlen zu Stachel umgebildet, alle Knochenplatten mit kräftigen Dornen (Kaktuswels!). Besonders attraktiv: Körper und Flossen auf hellem Grund dicht mit großen schwarzen Flecken. Erster Teil der Rückenflosse und äußere Partien der Schwanzflosse orangerot!
VORKOMMEN Fließgewässer aus dem Bereich des Rio Negro und des brasilianischen Teils des Amazonas.
TEMPERATUR Um 25 °C
PFLEGE Nur für große Aquarien und hartblättrige Pflanzen! Natürlich wird weiches, leicht saures Wasser bevorzugt, aber die Wasserwerte sind zweitrangig; die Fische brauchen jedoch unbedingt strömendes Wasser (kräftiger Filter!) und Wurzelholz. Bei Revierkämpfen können Artgenossen leicht verletzt werden!
ERNÄHRUNG Kaktuswelse fressen anstandslos sowohl tierisches als auch pflanzliches Futter.
BESONDERES Vorsicht beim Herausfangen der Kaktuswelse, Verletzungsgefahr! In Fangnetzen verhaken die Fische sich sehr leicht! Früher wurde diese Art unter der Bezeichnung L 144 angeboten. Die Zucht soll bereits gelungen sein.

Zebra-Schilderwels
Hypancistrus zebra

GRÖSSE Ca. 10 cm
BESCHREIBUNG Kleiner Saugwels mit großen, oben am Kopf stehenden Augen. Kennzeichnend ist die attraktive Schwarz-Weiß-Streifung. Wenige schwarze Schrägstreifen im Kopfbereich, ein Querstreifen über dem Kiemendeckel der in die Brustflossen zieht und mehrere Körperlängsstreifen, die sich in den relativ großen Flossen fortsetzen.
TEMPERATUR 23–26 °C
VORKOMMEN Aus fließenden Gewässern im Gebiet des Rio Xingu, Südamerika
PFLEGE Zebra-Schilderwelse sind ausgesprochen friedlich. Sie eignen sich vorzüglich auch für etwas kleinere Aquarien ab 70 cm Beckenlänge. Sie verlangen jedoch sauberes Wasser und Strömung (Filter, regelmäßiger Wasserwechsel!).
ERNÄHRUNG Möglichst abwechslungsreich, es sollte gelegentlich auch Lebendfutter oder Tiefkühlfutter dabei sein.

Wabenschilderwels
Glyptoperichthys gibbiceps

GRÖSSE Bis 50 cm
BESCHREIBUNG Wegen der riesigen Rückenflosse oft auch als „Segel-Schilderwels" bezeichnet. Auf braunem Grund mit zahlreichen schwärzlichen Flecken.
TEMPERATUR 23–27 °C
VORKOMMEN Peru, Brasilien. Lebt in langsam strömenden Gewässern, oft in Trupps. Gräbt in lehmige Steilufer Bruthöhlen, die zur Niedrigwasserzeit trocken fallen.
PFLEGE Die dekorativen Fische brauchen im Hinblick auf die zu erwartende Endgröße sehr große Aquarien (180 cm Beckenlänge, besser mehr). Leistungsfähiger Filter und regelmäßiger Wasserwechsel sind nötig, wenngleich die Ansprüche an die Wasserwerte eher gering sind. Friedlicher Wels, der völlig tolerant gegenüber anderen Mitbewohnern ist und meist auch Pflanzen nicht behelligt.
ERNÄHRUNG Algen, Futtertabletten.
ZUCHT Wabenschilderwelse wurden bereits im Aquarium gezüchtet.

Kap Lopez
Aphyosemion australe

GRÖSSE Männchen bis 6 cm, Weibchen bleiben kleiner
BESCHREIBUNG Lang gestreckter Oberflächenfisch, Männchen sehr farbig. Schwanzflosse erwachsener Männchen zweizipfelig mit breiten gelben Rändern oben und unten, im Mittelteil mit roten Flecken und Streifen.
VORKOMMEN Westliches Afrika
TEMPERATUR 21–24 °C
PFLEGE Friedlicher Fisch, am besten im Artbecken oder mit anderen *Aphyosemion* und den nahestehenden *Roloffia*-Arten zusammen halten. Dabei genügen auch relativ kleine Becken. Becken gut bepflanzen, Schwimmpflanzen, gedämpfte Beleuchtung und Torfschicht. Wasser weich und mäßig sauer .
ERNÄHRUNG Vorzugsweise Lebendfutter jeder Art, aber auch Frostfutter und gelegentlich Trockenfutter.
ZUCHT Am einfachsten in kleinem Zuchtbecken, das weiches, schwach saures Wasser und Torffilterung hat. Zuchtansatz: ein Männchen, 2 bis 3 Weibchen. Laichsubstrat feinblättrige Pflanzen oder Perlonfasern. Die Eier täglich vorsichtig mit den Fingern ablesen und in ein Aufzuchtbecken mit entsprechendem Wasser überführen. Die Brut schlüpft nach etwa 14 Tagen.

Gebänderter Prachtkärpfling
Aphyosemion bivittatum

GRÖSSE Bis etwa 5 cm.
BESCHREIBUNG Lang gestreckt, Männchen größer und viel farbiger: je nach Lichteinfall in Blau- und Goldtönen schillernd mit sehr großer Rückenflosse und zweizipfliger Schwanzflosse.
VORKOMMEN In kleinen Tümpeln Westafrikas.
TEMPERATUR 21–24 °C
PFLEGE Am besten im Artbecken oder mit Gattungsangehörigen. Wasser möglichst weich und neutral bis leicht sauer, Torfboden. Becken kann klein sein; braucht aber dichte Bepflanzung!
ERNÄHRUNG Vorzugsweise Lebendfutter, einige Tiere nehmen auch Frostfutter.
ANMERKUNG Die Prachtkärpflinge der Gattungen *Aphyosemion* und *Roloffia* gehören wirklich zu den schönsten Aquarienfischen, sind aber etwas für Spezialisten. Es gibt zahlreiche, sehr bunte Arten, die meisten sind wie *A. bivittatum* zu halten und zu züchten. Die Männchen können untereinander sehr unfriedlich sein, manchmal ist man zu paarweiser Haltung gezwungen. Fast alle brauchen Lebendfutter und werden als so genannte Saisonfische nur selten älter als zwei Jahre. Man sollte versuchen, sie nachzuzüchten!

Querbandhechtling
Epiplatys dageti

GRÖSSE Bis 6 cm
BESCHREIBUNG Oberflächenfische von hechtartigem Äußeren: schlank, breites, nach oben gerichtetes Maul, weit nach hinten versetzte Rückenflosse. Grünlich schillernd, ein schwarzer Schrägstreifen am Maul, Querstreifen auf dem Kiemendeckel und am Körper. Die Männchen werden größer und haben eine zugespitzte Afterflosse sowie an der Schwanzflosse einen schwertartigen Fortsatz.
VORKOMMEN In Sumpfgebieten Westafrikas
TEMPERATUR 22–25 °C
PFLEGE Oberflächenfische, die gut mit etwa gleich großen Fischen vergesellschaftet werden können. Auch wenn die Männchen sich gelegentlich untereinander befehden, kann man in ausreichend großen Aquarien mehrere von ihnen gemeinsam unterbringen. Schwimmender Sumatrafarn (evtl. auch *Riccia*) sollte nicht fehlen. Hier suchen die Tiere Deckung, hier laichen sie auch gern zwischen den ins Wasser hängenden Wurzeln ab. Sie brauchen aber auch ausreichend Platz zum Ausschwimmen. Wasser weich bis mittelhart, schwach sauer bis neutral.
ERNÄHRUNG Nehmen gern Futterflocken, sollten als echte Raubfische aber hin und wieder möglichst Lebendfutter bekommen.
ZUCHT Leicht. Regelmäßig die mit Eiern besetzten Sumatrafarne in gesondertes Zuchtbecken überführen! Jungfische nach Größenklassen sortieren, da kannibalisch!

Black Molly
Poecilia sphenops

GRÖSSE Männchen bis 8 cm, Weibchen bis 12 cm.
BESCHREIBUNG Black Mollies sind die schwarze Zuchtform der unscheinbar graugrün gefärbten Spitzmaulkärpfline. Black Mollys sind am ganzen Körper tiefschwarz gefärbt. Es gibt Zuchtrassen mit segelartigen Rückenflossen (die teilweise orange gesäumt sind) und welche mit großen, oben und unten spitz ausgezogenen Schwanzflossen. Männchen erkennt man leicht an der zum Begattungsorgan umgestalteten Afterflosse (Gonopodium).
VORKOMMEN Spitzmaulkärpflinge stammen aus den Süß- und Brackgewässern Mittelamerikas.
TEMPERATUR 25– 29 °C
PFLEGE Sehr friedliche Fische, die gerne Algen abweiden. Sie sind wärmeliebend und brauchen mittelhartes und hartes Wasser. Gegebenenfalls benötigen sie sogar etwas Zugabe von Kochsalz! Da die meisten anderen Fische eher weiches Wasser brauchen, ist die Vergesellschaftung nicht immer einfach. In zu weichem Wasser kränkeln Mollys und werden nicht alt. Empfindlich gegen *Oodinium* und *Ichthyophtirius*.
ERNÄHRUNG Flockenfutter mit vielen pflanzlichen Anteilen.
ZUCHT lebend gebärend, sehr vermehrungsfreudig.

Guppy
Poecilia reticulata

GRÖSSE Weibchen bis 6 cm, Männchen bis etwa 3 cm.
BESCHREIBUNG Die größeren und plumperen Weibchen ockergrau, bei Zuchtformen manchmal mit farbigen Flossen oder dunklerem Schwanzstiel. Die Männchen sind an der zugespitzten Afterflosse, dem Gonopodium, zu erkennen. Sie sind auffallend bunt, oft in allen Regenbogenfarben schillernd. Zuchtformen in den Farben sehr variabel und oft mit stark verlängerten Rücken- und Schwanzflossen. Spezialisten unterscheiden die verschiedensten Schwanzflossenformen (z. B. Nadelschwanz, Leierschwanz, Triangel und Doppelschwert).
VORKOMMEN Ursprünglich aus Mittelamerika und Venezuela. In vielen Teilen der Welt als Moskitovertilger eingebürgert.
TEMPERATUR 20–26 °C
PFLEGE Völlig harmlose und anspruchslose, lebhafte Tiere, ideal zur Vergesellschaftung mit Fischen, die in der Größe passen. Leichte Wasserströmung ist vorteilhaft. Empfindlich gegen *Oodinium* und *Ichthyophtirius*.
ERNÄHRUNG Nimmt mit jeder Art von Futter vorlieb, gern kleine Mückenlarven.
ZUCHT sehr einfach, lebend gebärend. In pflanzenreichen Artbecken kommen die Kleinen ohne weitere Hilfe durch.

Segelkärpfling
Poecilia velifera

GRÖSSE Männchen 10 bis 13 cm, Weibchen bis 15 cm.
BESCHREIBUNG Körperseiten perlmuttartig schimmernd, mit undeutlichen Längsstreifen. Männchen mit Gonopodium und sehr großer, orangefarben gesäumter Rückenflosse (Name!), die mit sehr vielen mehr oder weniger regelmäßig angeordneten Tüpfeln versehen ist.
VORKOMMEN Aus den Lagunen und der brackigen Küstenzone von Yucatan (Mexiko) und dem Bereich der Flussmündungen.
TEMPERATUR 25–28 °C
PFLEGE Segelkärpflinge brauchen basisches und hartes Wasser von über 25 °dGH und große Aquarien. Zum Aufhärten des Wassers eignet sich Seesalz (30 g auf 10 l). Vorsicht bei der Wasseraufbereitung, da in dieser Hinsicht empfindlich. Die lebhaften Algenfresser brauchen viel freien Schwimmraum und ausreichend große, helle Aquarien. Zur Vergesellschaftung der friedlichen, aber lebhaften Fische eignen sich auf Grund der Wasseransprüche Argus und Schützenfische sowie Mollies.
ERNÄHRUNG Algen (!), Flockenfutter mit großem Pflanzenanteil, gebrühter Spinat und Salat, Lebendfutter.
ANMERKUNG Entsprechendes gilt für den sehr ähnlichen Breitflossenkärpfling (*Poecilia latipinna*). Oft sind Kreuzungen im Handel.

Schwertträger
Xiphophorus helleri

GRÖSSE Männchen ohne Schwert bis 8 cm, Weibchen bis 12 cm.
BESCHREIBUNG Grünlich gelb, zart genetzt, grün oder blau schillernd. Von der Schnauzenspitze bis zur Schwanzwurzel verläuft ein rötliches Zickzackband. Flossen teilweise mit feiner Strich- oder Fleckenzeichnung. Männchen mit Gonopodium und am unteren Teil der Schwanzflosse mit schwertartigem, dunkel eingefasstem Fortsatz.
VORKOMMEN Yukatan, Guatemala
TEMPERATUR 22–25 °C
PFLEGE Als friedlicher Fisch gut für das Gesellschaftsaquarium geeignet. Schwertträger bevorzugen mittlere bis größere Härtegrade und neutrale bis leicht basische Wasserwerte. Unkompliziert in der Haltung, jedoch gegen Ichthyophthirius empfindlich. Die Männchen schaffen untereinander eine Rangordnung, was in zu kleinen Aquarien problematisch werden kann. Dann besser nur ein Männchen und zwei Weibchen nehmen.
ERNÄHRUNG Flockenfutter, eventuell gelegentlich Frostfutter.
ZUCHT Einfach, lebend gebärend, kannibalisch!
BESONDERES Es gibt eine Unzahl von Zuchtrassen. Besonders beliebt sind die einfarbig blutroten Schwertträger und die Formen mit schwarzen oder verlängerten Flossen. Wildfänge anderer Schwertträgerarten sind meist wesentlich anspruchsvoller!

Platy, Spiegelkärpfling
Xiphophorus maculatus

GRÖSSE Männchen bis 4 cm, Weibchen bis 6 cm.
BESCHREIBUNG Gedrungener Zahnkarpfen, Stammform oberseits dunkel, an den Seiten blau schillernd. Auf der Schwanzflossenwurzel zwei runde schwarze Flecken. Die Männchen haben wie die Weibchen runde Schwanzflossen, sind aber leicht am Gonopodium zu erkennen.
VORKOMMEN Stammt ursprünglich aus ruhigen Gewässern im östlichen Mexiko und aus Guatemala.
TEMPERATUR 20–25 °C
PFLEGE Sehr genügsamer und ausdauernder Fisch, absolut friedlich auch gegenüber Artgenossen, daher ideal für gut bepflanzte Gesellschaftsaquarien mit nicht zu weichem Wasser. Neutrales oder leicht basisches und mittelhartes bis härteres Wasser wird vorgezogen.
ERNÄHRUNG Die Allesfresser nehmen gern Flockenfutter und weiden im Aquarium am Algenrasen.
ZUCHT Sehr einfach, lebend gebärend.
BESONDERES Eine sehr variable Art, schon als Wildform. Im Handel sind sehr viele attraktive Zuchtrassen: Rote Platies, Wagtail-Platies (rot mit schwarzen Flossen), Simpson-Platies, Mondplaties und viele andere.

Papageienplaty
Xiphophorus variatus

GRÖSSE Männchen 5,5 cm, Weibchen bis 7 cm.
BESCHREIBUNG Gedrungener Zahnkarpfen mit sehr unterschiedlicher Färbung. Die Weibchen sind olivbraun mit zwei rötlichen Zickzacklinien an den Körperseiten. Männchen mit Gonopodium, farbiger mit leuchtend roten oder gelben Schwanz- und Rückenflossen. In der vorderen Körperhälfte mit vielen schwarzen, unregelmäßig verteilten Flecken. Schwanzwurzel manchmal mit zwei tiefschwarzen Flecken.
VORKOMMEN Aus dem südlichen Mexiko, teilweise auch aus höheren, also relativ kühlen Regionen.
TEMPERATUR 16–25 °C
PFLEGE Eine muntere, friedliche Art, die sich gut für das Gesellschaftsaquarium eignet. Bevorzugt mittelhartes, neutrales oder leicht basisches Wasser.
ERNÄHRUNG Flockenfutter mit pflanzlichen Anteilen, Algen, Lebendfutter.
ZUCHT Einfach. Lebend gebärend. Der so genannte „Trächtigkeitsfleck", ein dunkler Fleck zwischen Bauch- und Afterflossen, der bei den lebend gebärenden Zahnkarpfen sonst typisch für die Weibchen ist, tritt hier auch bei den Männchen auf!
BESONDERES Wie der wissenschaftliche Name bereits sagt, eine sehr variable Art. Entsprechend gibt es zahlreiche Zuchtformen in vielen Farben und zum Teil mit segelartig ausgezogenen Flossen.

Hechtkärpfling
Belonesox belizianus

GRÖSSE Die Weibchen können bis zu 20 cm erreichen, die Männchen werden maximal 12 cm lang.
BESCHREIBUNG Fische mit hechtartigem Körperbau und auch entsprechender Lebensweise: nach hinten versetzte Rücken- und Afterflossen, großer Kopf, riesiges, tief gespaltenes Maul.
VORKOMMEN Lebt im östlichen Mittelamerika.
TEMPERATUR 20– 32 °C
PFLEGE Bevorzugt härteres Wasser, evtl. mit einem leichten Salzzusatz (1 Esslöffel auf 10 bis 15 l). Steht gern still in einem Pflanzenversteck und lauert hier auf Fische! Ein sehr interessanter Fisch für ein Artaquarium, wenn es ausreichend groß (ab 1 m Länge!) und gut bepflanzt ist und wenn man ausreichend Futterfische hat (Guppyzucht!). Man unterschätzt leicht das Fressbedürfnis dieser Fische – erwachsene Hechtkärpflinge nehmen meist nur lebende Futterfische an! In zu kleinen Becken werden selbst die kleineren Männchen Opfer der Weibchen!
BESONDERES Lebend gebärender Zahnkarpfen, die 2 bis 3 cm großen Jungfische müssen sofort vor den Nachstellungen der Mutter in Sicherheit gebracht werden!

Blaubarsch
Badis badis

GRÖSSE Bis 8 cm
BESCHREIBUNG Kleinköpfiger Fisch mit vergleichsweise kleinem Maul. Färbung ausgesprochen variabel. Oft mit 6 bis 10 dunklen Querbinden. Die größeren Männchen sind schlanker und in Laichstimmung dunkelblau.
VORKOMMEN Aus stehenden Gewässern im vorderindischen Bereich
TEMPERATUR 25–28 °C
PFLEGE gehört zu den so genannten Naderbarschen. Er ist scheu und sehr ruhig. Er liebt Verstecke; zum Wohlfühlen und Ablaichen braucht er Höhlen und dichte Bepflanzung. Gegenüber anderen Fischen und gegen seinesgleichen harmlos. An die Wasserbeschaffenheit stellen die Tiere keine besonderen Ansprüche. Als Raubfische sind Blaubarsche auf Lebendfutter angewiesen. Eingewöhnte Tiere nehmen aber auch Frostfutter. Die Futteransprüche empfehlen den Blaubarsch eher für das Artbecken. Das kann aber ruhig relativ klein sein (Beckenlänge ab 60 cm).
ZUCHT Am besten paarweiser Ansatz, liegende Blumentopfhöhle. Wasser weich, Tiere gut mit Lebendfutter anfüttern. Ablaichen in der Bruthöhle, wobei die Tiere sich ähnlich wie Labyrinthfische umschlingen. Vaterfamilie, Aufzucht der Jungen nicht schwer.

Frosch-Schlangenkopf
Channa gachua

GRÖSSE Bis etwa 24 cm.
BESCHREIBUNG Lang gestreckte Fische mit sehr lang ansetzender Rückenflosse. Kopf breit mit riesiger Maulspalte. Im Gegensatz zum ähnlich gefärbten *Channa orientalis* mit kleinen Bauchflossen. Labyrinthatmer, die gelegentlich zum Luftholen an die Wasseroberfläche schwimmen.
VORKOMMEN In ganz Süd- und Südost-Asien weitverbreitet, bevorzugt in fließenden Gewässern.
TEMPERATUR 20–27 °C
PFLEGE Ausgesprochen robuste Tiere, keine gehobenen Ansprüche an das Wasser. Sie lassen sich mit artfremden, ausreichend großen Mitfischen gemeinsam halten. Einzeln gehaltene Tiere werden handzahm und scheinen es sogar zu genießen, wenn man sie streichelt! Mit Artgenossen kann es jedoch ernste Probleme bei der Vergesellschaftung geben! Die Fische scheinen ständig hungrig zu sein und fressen neben Futtertabletten und kleinen Fleischstückchen gern auch Regenwürmer und Wasserschnecken.
ZUCHT Die Geschlechter sind vor allem am schlankeren Bau der Männchen zu erkennen. Die *gachua*-Väter sind Maulbrüter. Voraussetzung für eine erfolgreiche Zucht ist ein gut harmonisierendes Paar.

Schützenfisch
Toxotes chatareus

GRÖSSE Bis 27 cm, bleibt aber zumeist kleiner.

BESCHREIBUNG Großäugiger Fisch mit weitgespaltenem Maul. Silbrig mit drei Körperquerstreifen, zusätzlich Streifen auf dem Kiemendeckel und am Schwanzflossenansatz. Zwischen den Körperstreifen kleinere Flecken im Rückenbereich, die ihn vom etwas schlankeren T. jaculatrix unterscheiden.

VORKOMMEN Im Süß- und Brackwasser Südostasiens bis hin nach Australien

TEMPERATUR 24 bis 28 °C

PFLEGE Ein räuberischer Fisch, der sich gern im Oberflächenbereich aufhält. Ist in Aquarien ab 90 cm Länge gut in Gesellschaft gleich großer Fische zu halten. Auch wenn sie in ihrer Heimat oft truppweise vorkommen, eignen sie sich für Schwarmhaltung nur in sehr großen Becken. Lieber Einzelhaltung! Brauchen ausreichend freien Schwimmraum! Schützenfische werden von Flockenfutter nicht satt! Sie nehmen aber gern auch Regenwürmer, kleine Fleischstückchen und Futtertabletten. Die Ansprüche an die Wasserzusammensetzung sind sehr gering.

BESONDERES Können wie auch *T. jaculatrix* mit gezielten Wasserspritzern wie mit einer Wasserpistole Insekten und andere Beutetiere ins Wasser schwemmen. Das ist – speziell bei abgesenktem Wasserstand – auch im Heimaquarium gut zu beobachten.

Argusfisch
Scatophagus argus

GRÖSSE Bis 30 cm, bleibt im Aquarium aber wesentlich kleiner.

BESCHREIBUNG Plakativ gefärbter Fisch mit ovalem, seitlich stark abgeplattetem Körper. Körper und der Stachelstrahlenteil der Flossen kräftig gelb. Am ganzen Körper sind augengroße, tiefschwarze Flecken unregelmäßig verteilt.

VORKOMMEN Aus den Küstengewässern des indonesischen Raumes und der Philippinen.

TEMPERATUR 22–28 °C

PFLEGE Die wunderschönen Fische eignen sich nur für größere Spezialaquarien. Auf Dauer ist Salzzugabe nötig (etwa 3 Teelöffel auf 10 l Wasser), somit halten sich kaum Pflanzen. Zartere Pflanzen werden vom Argus ohnehin gefressen. Dekoration mit Wurzeln und Steinen! Filterung und regelmäßiger Wasserwechsel ist wichtig! Zur Vergesellschaftung eignen sich Schützenfische, aber auch Segelkärpflinge und eventuell Black Mollies, da sie vergleichbare Wasseransprüche haben – Wenn man noch für einen Landteil sorgen kann, sind auch Schlammspringer geeignete Mitbewohner dieses Spezialaquariums.

ERNÄHRUNG Die Tiere sind Allesfresser, die in ihrer Heimat als Abfallfresser bekannt sind („*Scatophagus*“ bedeutet Kotfresser). Sie nehmen Futterflocken, Frostfutter, Lebendfutter jeder Art, Haferflocken und gebrühten Salat.

Goldringelgrundel
Brachygobius xanthozona

GRÖSSE 4,5 cm
BESCHREIBUNG Klobig gebaute, aber sehr possierliche Bodenfische, die sich gern am Boden liegend auf ihre Bauchflossen stützen. Breiter Kopf mit großem Maul und großen Augen. Ansprechend schwarz-gelb quergestreift, daher auch der Name „Hummelfisch".
VORKOMMEN In ganz Südostasien in Süß- und Brackwasser
TEMPERATUR 26–29 °C
PFLEGE Wegen der Futter- und der Wasseransprüche nicht als Dauergast im üblichen Gesellschaftsaquarium geeignet! In kleinen Spezialaquarien sind sie ausgesprochen attraktive, ruhige und friedliche Fische. Gern nehmen sie kleine Wohnungen in Form von leeren Gehäusen der Weinbergschnecke an. Das Wasser sollte hart (20–30 °dGH) und basisch sein. Es ist meist sinnvoll, einen geringen Seesalzzusatz (1 bis 2 Esslöffel auf 10 Liter Wasser) zuzugeben, da die Fische in reinem Süßwasser leicht kränkeln.
ERNÄHRUNG Die meisten Goldringelgrundeln nehmen ausschließlich Lebendfutter! Einige Tiere kann man auch ersatzweise auf Frostfutter umstellen.
ANMERKUNG Entsprechendes gilt für die sehr ähnlichen *B. aggregatus* und *B. nunus* – Es gibt einige weitere Grundelarten im Handel. Die meisten brauchen Lebendfutter. Wer ihnen das regelmäßig bieten kann, hat friedliche und sehr interessante Aquarienfische, die gern unter Steinen oder in Höhlen laichen. Brutpfleger, meist Vaterfamilie.

Tapirfisch, Elefanten-Rüsselfisch
Gnathonemus petersii

GRÖSSE erreichen bis zu 23 cm Gesamtlänge
BESCHREIBUNG Auffallend ist der rüsselartig verlängerte Unterkiefer und ein besonders dünner Schwanzstiel im Anschluss an die After- und Rückenflossen. Einfarbig dunkler Körper mit heller Rautenzeichnung im hinteren Körperdrittel.
VORKOMMEN Beheimatet in den Regenwaldflüssen West- und Zentralafrikas.
TEMPERATUR 22–28 °C
PFLEGE Die dämmerungs- und nachtaktiven Tiere benötigen Aquarien, die stellenweise dunkle Höhlenverstecke und Wurzelunterstände aufweisen. Friedliche Fische, die gern im Boden wühlend nach Fressbarem suchen. Daher brauchen sie als Bodengrund möglichst feinen Sand! Friedlich zu anderen Fischen, schwächere Artgenossen dagegen werden unterdrückt. Weiches Wasser und Wurmfutter (Tubifex) wird bevorzugt, doch wird auch Kunstfutter gefressen.
BESONDERES Tapirfische haben ein elektrisches Organ, mit dessen Hilfe sie ihre Reviere gegen Artgenossen abgrenzen.

Schmetterlingsfisch
Pantodon buchholzi

GRÖSSE Etwa bis 10 cm Gesamtlänge
BESCHREIBUNG Bizarr geformte Oberflächen-Fische mit riesigem, tiefgespaltetem Maul. Unpaare Flossen weit nach hinten versetzt, die Bauchflossen mit verlängerten Flossenfäden. Tragflügelartige, große Brustflossen. Braun gefärbt mit schwarzem Muster (Tarnfarbe)
VORKOMMEN In langsam fließenden Flusszonen in West- und Zentralafrika.
TEMPERATUR 23–30 °C
PFLEGE Bevorzugen weiches Wasser, sind in dieser Hinsicht aber nicht sonderlich anspruchsvoll. Stellen kleinen Fischen nach; mit etwa gleich großen Fischen absolut friedfertig. Artgenossen werden gejagt. Schmetterlingsfische sind ambitionierte Springer, daher das Becken gut abdecken! Nehmen grobes Flockenfutter, brauchen aber zwischendurch auch Lebendfutter; gern nehmen sie Mehlkäfer-Larven.
BESONDERES Die Männchen haben eine stark bogenförmig eingebuchtete Afterflosse, bei den Weibchen dagegen ist der Hinterrand der Afterflosse glatt. Bei paarweisem Ansatz im Zuchtbecken, weichem und leicht saurem Wasser und abwechslungsreichem Futter mit Insektenlarven ist die Zucht möglich. Die unter dem Wasserspiegel treibenden Eier müssen abgefischt und in ein spezielles Aufzuchtaquarium überführt werden.

Grüner Kugelfisch
Tetraodon fluviatilis

GRÖSSE Bis zu 17 cm
BESCHREIBUNG Rundliche Fische, goldgelb gefärbt mit zahlreichen, recht gleichmäßig verteilten schwarzbraunen Flecken, Unterseite weißlich. Ihre Kiefer bestehen aus schnabelartigen Leisten, so dass sie in der Lage sind, auch sehr hartschalige Tiere (Schnecken und Muscheln) zu knacken.
VORKOMMEN Aus Süß- und Brackwassergebieten Südostasiens.
TEMPERATUR 24–28 °C
PFLEGE Die lebhaften und attraktiven Fische finden schnell Käufer. Sie eignen sich aber nicht für die Dauerhaltung im Gesellschaftsaquarium, da sie meist unverträglich gegen Artgenossen und artfremde Fische sind, sich zudem oft auch an den Pflanzen vergreifen. Andererseits leisten die Kugelfische kurzzeitig gute Dienste als Schneckenvertilger. Am besten hält man Kugelfische im Artaquarium, dem man neben viel freiem Schwimmraum auch Verstecke für gejagte Artgenossen bieten muss. Ein Salzzusatz (1 Esslöffel auf 10 bis 15 l) ist vorteilhaft.
BESONDERES Grüne Kugelfische wurden schon mehrfach nachgezüchtet. Sie sind Substratlaicher, das Männchen betreibt Brutpflege.

Bildnachweis

Farbfotos von Christof Salata/Kosmos 4 (S. 40 u., 44, 45), Jörg Vierke 14 (S. 42, 43, 44/45, 52r, 58l, 76r, 81r, 82r, 83r, 84, 97r, 107r, 112r), alle anderen Aufnahmen von Burkard und Wally Kahl.

Alle Angaben in diesem Buch erfolgen nach bestem Wissen und Gewissen. Sorgfalt bei der Umsetzung ist indes dennoch geboten. Verlag und Autor übernehmen keinerlei Haftung für Personen-, Sach- oder Vermögensschäden, die aus der Anwendung der vorgestellten Materialien und Methoden entstehen können.

Informationen senden wir Ihnen gerne zu

Bücher · Kalender · Spiele
Experimentierkästen · CDs · Videos

Natur · Garten & Zimmerpflanzen · Heimtiere · Pferde & Reiten · Astronomie · Angeln & Jagd · Eisenbahn & Nutzfahrzeuge · Kinder & Jugend

KOSMOS

Postfach 106011
D-70049 Stuttgart
TELEFON +49 (0)711-2191-0
FAX +49 (0)711-2191-422
WEB www.kosmos.de
E-MAIL info@kosmos.de

Impressum

Umschlaggestaltung von eStudio Calamar unter Verwendung von vier Farbaufnahmen von Wally und Burkard Kahl.

Mit 170 Farbfotos.

Bibliografische Information der Deutschen Bibliothek:
Die Deutsche Bibliothek verzeichnet diese Publikation in der Deutschen Nationalbibliografie. Detaillierte bibliografische Angaben sind im Internet über http://dnb.ddb.de abrufbar.

Gedruckt auf chlorfrei gebleichtem Papier

© 2004, Franckh-Kosmos Verlags-GmbH & Co. KG, Stuttgart
Alle Rechte vorbehalten
ISBN 3-440-09401-4
Redaktion: Ben Boden
Gestaltungskonzept: eStudio Calamar
Produktion: Kirsten Raue, Markus Schärtlein
Printed in Czech Republic / Imprimé en République tchéque

ZUM WEITERLESEN

BÜCHER

Beck, Peter:
Aquarium Grundkurs.
Kosmos Verlag, Stuttgart 1998.

Beck, Peter:
Aquarienpflanzen Grundkurs.
Kosmos Verlag, Stuttgart 2000.

Beck, Peter:
Süßwasser-Aquaristik.
Kosmos Verlag, Stuttgart 2001.

Bork, Dieter u. Mayland, Hans J.:
Salmler.
Kosmos Verlag, Stuttgart 2000.

Dreyer Stepahn u. Keppler, Rainer:
Das KosmosBuch der Aquaristik.
Kosmos Verlag, Stuttgart 2003.

Gering, Klaus-Peter:
Aquarienpflanzen.
Kosmos Verlag, Stuttgart 2003.

Gohr, Lutz:
Meerwasseraquaristik.
Kosmos Verlag, Stuttgart 2000.

Hiscock, Peter:
Aquarien gestalten.
Kosmos Verlag, Stuttgart 2004.

Kahl, Burkard u. Wally, Vogt, Dieter:
Kosmos-Atlas Aquarienfische.
Kosmos Verlag, Stuttgart 1997.

Kasselmann, Christel:
Pflanzenaquarien gestalten.
Kosmos Verlag, Stuttgart 2001.

Kölle, Dr. med. vet. Petra:
Fischkrankheiten.
Kosmos Verlag, Stuttgart 2001.

Mayland, Hans J.:
Diskus.
Kosmos Verlag, Stuttgart 2000.

Osche, Claus:
Lebendgebärende.
Kosmos Verlag, Stuttgart 2001.

Ullrich, Martin:
Buntbarsche.
Kosmos Verlag, Stuttgart 2000.

Veit, Klaus:
Mein Aquarium.
Kosmos Verlag, Stuttgart 2000.

Vierke, Jörg:
Das Aquarium – mein Hobby.
Landbuch Verlag, Hannover, 1998.

Vierke, Jörg:
Labyrinth-Fische.
Kosmos Verlag, Stuttgart 2001.

Vierke, Jörg:
Welse.
Kosmos Verlag, Stuttgart 2002.

ZEITSCHRIFTEN

DATZ
Verlag Eugen Ulmer
Stuttgart

Aqua Planta
Hrsg. v. VDA-Arbeitskreis
Wasserpflanzen

Aquaristik Aktuell
Dähne Verlag
Ettlingen

Das Aquarium
Verlag Birgit Schmettkamp
Bornheim

ZUM WEITERKLICKEN

www.echinodoren.de

www.mecklenburger-wasserpflanzenfreunde.de

www.aqua-planta.de

www.aquatic-gardeners.org

www.vda-online.de

ADRESSEN

Verband Deutscher Vereine
für Aquarien- und Terrarienkunde e.V. Geschäftsstelle
Hans und Ingrid Stiller
Luxemburger Str. 16
44789 Bochum

VDA Beratungsstelle für
Aquariengestaltung
Jürgen Grobe
Postfach 1944
30954 Hemmingen

VDA Wasserpflanzen
Dr. Jürgen Clasen
Siegelsknippen
53721 Siegburg
Tel. 02241/128329
Guenther.Hans-
Juergen@Bewag.com

Regionalgruppen im VDA-Arbeitskreis Wasserpflanzen:
www.vda-online.de/
Fachgruppen.htm

VDA Fischkrankheiten
Dieter Untergasser
Schloss-Str. 34
64720 Michelstadt

Gesellschaft für Aquarienkunde e.V.
Freizeithaus Waldhof
Revierpark Vonderort
Bottroper Str. 322
46117 Oberhausen

Kontaktadressen EATA
European Aquaristic and
Terraristic Association)

Deutschland – VDA
Horst Link
Grubenberg 7
95131 Schwarzenbach am Wald

Joachim D. Matthies
Collonaden 70
20354 Hamburg

Elisabeth Müller
Fridtjof-Nansen-Str. 46
50226 Frechen

Fischgesundheitsdienste (FGD)

Fischcare
Dr. Sandra Lechleiter
Forststr. 180
70193 Stuttgart

Staatliches Veterinär- und Lebensmitteluntersuchungsamt
Ringstr. 1030
15239 Frankfurt / Oder

FGD
Heinsbergerstr. 53
57399 Kirchhunden-Albaum

Institut für Zoologie, Fischereibiologie und Fischkranheiten
LMU München
Kaulbachstr. 37
80539 München

Praxiswissen Aquaristik

Die Ratgeber der neuen Generation

- **Porträts** die beliebtesten Arten kennenlernen
- **Schritt für Schritt** vom leeren Becken zur Wasserwelt hinter Glas
- **Exklusiv** der Kosmos-Solution Finder: Lösungen auf einen Blick

Aufschlagen und Eintauchen

Jeder Band mit

124 Seiten
ca. 150 Farbfotos
Illustrationen,
Checklisten und Tabellen
gebunden

Die Reihe wird fortgesetzt

Je € 15,90
€/A 16,40; sFr 27,40

Hans J. Mayland
Diskus
ISBN 3-440-08217-2

Mayland/Bork
Salmler
ISBN 3-440-08216-4

Martin Ullrich
Buntbarsche
ISBN 3-440-08218-0

Lutz Gohr
Meerwasseraquaristik
ISBN 3-440-08250-4

www.kosmos.de

Preisänderung vorbehalten

Praxiswissen Aquaristik

Die Faszination Aquaristik zum Greifen nah

- Praxisnah und kompetent für Einsteiger und Fortgeschrittene
- Porträts der schönsten Fische und Pflanzen
- Weitere Bände aus der Erfolgsreihe

Jörg Vierke
Labyrinthfische
ISBN 3-440-08248-2

Dr. med. vet. Petra Kölle
Fischkrankheiten
ISBN 3-440-08249-0

Aufschlagen und Eintauchen

Jeder Band mit

124 Seiten
ca. 150 Farbfotos
Illustrationen, Checklisten und Tabellen
gebunden

Die Reihe wird fortgesetzt

Je € 15,90
€/A 16,40; sFr 27,40

Claus Osche
Lebendgebärende
ISBN 3-440-08898-7

Peter Beck
Süßwasseraquaristik
ISBN 3-440-08897-9

www.kosmos.de

Preisänderung vorbehalten